组织编写：北京大学招生办公室

顾　　问：孔庆东　孙东东　刘明利　初育国
　　　　　　陈跃红　曹文轩　温儒敏
　　　　　　（按姓氏笔画排序）

主　　编：秦春华

副 主 编：陈跃红　舒忠飞
　　　　　　（按姓氏笔画排序）

编　　委：王亚章　刘同华　刘　坤　吴　可
　　　　　　吴　蔚　陈跃红　林　莉　秦春华
　　　　　　卿　婧　舒忠飞
　　　　　　（按姓氏笔画排序）

学海导航系列
XUEHAI DAOHANG XILIE

就这样考上北大

秦春华 ◎ 主编

北京大学出版社
PEKING UNIVERSITY PRESS

图书在版编目（CIP）数据

就这样考上北大（2）/秦春华主编. —北京：北京大学出版社，2011.1

（学海导航系列）

ISBN 978-7-301-18377-9

Ⅰ. ①就… Ⅱ. ①秦… Ⅲ. ①中学生－家庭教育－文集 Ⅳ. ①G635.5-53②G78-53

中国版本图书馆 CIP 数据核字（2010）第 262890 号

书　　名：	就这样考上北大（2）
著作责任者：	秦春华　主编
丛书策划：	姚成龙
责任编辑：	赵学敏
标准书号：	ISBN 978-7-301-18377-9/G·3037
出版发行：	北京大学出版社（北京市海淀区成府路 205 号　100871）
网　　址：	http://www.pup.cn
电子信箱：	zyjy@pup.cn
电　　话：	邮购部 62752015　发行部 62750672
	编辑部 62754934　出版部 62754962
印　　刷　者：	三河市北燕印装有限公司
经　　销　者：	新华书店
	650 毫米×980 毫米　1/16　17.5 印张　227 千字
	2011 年 1 月第 1 版　2011 年 11 月第 3 次印刷
定　　价：	32.00 元

未经许可，不得以任何方式复制或抄袭本书之部分或全部内容。

版权所有，侵权必究

举报电话：(010) 62752024　电子信箱：fd@pup.pku.edu.cn

序言

北京大学创建于1898年,初名"京师大学堂",是我国近代建立的第一所国立综合性大学。建校110多年来,北大为民族的独立与解放、国家的振兴与发展、社会的文明与进步做出了不可替代的贡献,在中国走向现代化和繁荣昌盛的进程中起到了先锋和骨干作用,这远远超出了它作为一所为社会培养人才的高等学府的有形存在,更成为中华民族争取民主自由和伟大复兴的象征,成为现代人文学者和科学家向往的精神家园,从而独具魅力。正如美国哈佛大学教授杜维明先生所说:"作为文化中国的象征,其实北京大学早已成为了世界一流大学。因为世界上再也找不到任何一个国家的任何一所大学,能够像北京大学这样和国家、民族的命运结合得如此紧密、息息相关。北大对于中国的意义远远超过了哈佛之于美国、牛津与剑桥之于英国的意义。"

在中国的高校中,北大具有"老"与"大"两个特点。之所以说"老",那是因为在中国,具有百多年历史的大学并不多,因此,人们常用"古老"来形容北京大学的历史;之所以说"大",不在于校舍恢弘,而是学术气度广大,所谓"兼容并包,思想自由"之意也。历史悠久的"老"让我们足以心生骄傲,兼容并蓄的"大"也常让我们引以为荣。就是这样一所"老"学府,每年吸引着无数的青年才俊奋身投入燕园,求学于"一塔湖图";就是这样一所

"大"学府,将今日的精英与明日的栋梁、今日的思考与明日的奉献,维系在了一起;就是这样一所"老"、"大"学府,将这些胸怀大志、肩负大任、孜孜求学、不倦探索的年轻学子,培育锻造成为"具有国际视野、在各行业起引领作用、具有创新精神和实践能力的高素质人才",他们道德高尚、学识渊博、体魄健全、意志坚定,具有良好的人文素养和科学精神。

一个多世纪以来,北大历经风雨,但爱国、进步、民主、科学的传统和勤奋、严谨、求实、创新的学风从未因时光的磨砺而褪色。今日的北大,迎来了中国快速发展的战略机遇期,也迎来了自身建设世界一流大学的重要发展期,"北大人"将满怀豪情,团结进取,积极探索,勇于创新,在学科建设、人才培养、科学研究、社会服务等各个方面取得更大的进展,向着建设世界一流大学的目标奋发努力。

亲爱的中学生朋友们,金秋九月,一段精彩的大学时光在等待着你。在这里,美丽的燕园将带给你广阔的人生舞台,光荣与梦想将力促你奋发前行,理想与责任将激励你勇于担当。在即将踏入燕园之际,希望你们能够刻苦学习,踏实做事,诚实做人,志存高远,胸怀祖国,力争做一个有理想、有责任、敢于担当的、光荣的"北大人"!

北京大学校长　周其凤

目 录

学 生 篇

今夕何夕，成此佳遇 ··· 3
    我就这样与燕园相遇了。我见了她古雅的朱楼，琉璃砖瓦默锁着深邃的灵魂。这相遇是我的幸福，我渴望我年轻的灵魂从此成为她血液里新的一滴。

执著的梦 ··· 7
    一直以来，我都对燕园有着一种特殊的情结，我钦羡燕园的文理兼修、并治天下的传统；我向往燕园那笼罩般的学术、人文、诗情画意的氛围；我渴望来到这才华横溢，海纳百川的学府。

我的 3 号宿舍 ·· 11
    我们来前，这里有人住过，我们走后，这里依然会有人来。我的 3 号宿舍又将重新注入活力，又会成为别人的 3 号宿舍，它不是死的标本，而是永远鲜活的生命。

难忘来时路 ·· 14
    六月的夕阳脉脉依偎着小路，我将告别这条小路和高三生活了一年的地方。一摞摞书和卷子被汽车搬走了，被搬走的还有一年来在这条小路上留下的记忆与收获。

逝水年华里的随想曲 ·· 18
    如果骄傲没被现实大海冷冷拍下，又怎会懂得，要多努力才走得到

1

远方？如果梦想不曾坠落悬崖千钧一发，又怎会晓得，执著的人拥有隐形翅膀？

走向北京大学 ································ 23

那些曲曲折折的小径，藏着我们的脚印，真的舍不得离开；那些花花草草，映着我们的笑容与忧愁，真的舍不得分别。我要把这些装进口袋带走，带到梦想的燕园，融入未名湖的图景。

高三的苦辣酸甜 ································ 27

高考的硝烟早已散尽，望着手中火红的北京大学录取通知书，高三的点点记忆却不住地涌上心头。是惆怅，是欷歔，是慨叹，还是恋恋不舍？

寻梦之路，未名之章 ································ 32

在经历了失败的洗礼之后，我终于能以平和的心态面对走过的求学之路。而这时候我才发现，原来意料之外的落榜，却也在情理之中。

向往彼岸的征帆
——记一年复读的历程 ································ 35

整整两天的高考，我静如止水，波澜不惊。估分，填报志愿，等待分数和录取结果，我重复着去年的步骤，但这一次是信心满怀，胜券在握。

Journey ································ 40

第 N 遍复习完中国近代史，念起"红楼飞雪，一时英杰，先哲曾书写，爱国进步民主科学"，突然深刻地感受到最后八个字的重量，不禁在刹那间泪落如雨。

有梦想的青春没有天黑 ································ 45

将绳子套到肩上，我们开始跋涉在留有麦茬的土地。当我躬下腰，看绳子勒过的肩头留下一道红红的印记，太阳的一道道金鞭打在我们的背上，一滴滴汗水顺着脸颊流下，流进我们嘴里。

退一步的天空 ································ 48

很多人说，高考很残酷，复读之路更加艰难。的确，竞争总有胜者，也总有失意人，竞争的确是残酷的，但我们可以无畏，不过一次努力地逆流而行，不过一次抢渡的竞技。

且思且行 ·· 52
回望来时的路，无论坎坷还是平坦，都已变得模糊，模糊在记忆的影子里，成为些许点缀。

干杯，青春 ·· 55
我总相信，我最灿烂的青春，便是从那一天开始，那是关于责任、狂热和坚持的三年。

九月断想 ·· 59
知无涯。"路漫漫其修远兮，吾将上下而求索。"屈子一言道尽万千事，他告诫我们人生无坦途，学路有荆棘。

你和我的风淡云轻 ··· 63
和从小立志考北大的人不同，我没有太多的奢求，也没有太远大的目标。北大只是个不近不远的梦想，努努力也许可以够得着，但我还是习惯平静地与之保持朝圣者般的"暧昧距离"。

感动·感悟 ··· 66
人们会把对于文明的希望寄托于大学，在潜意识中铭记着她的神圣，而我想北大正是扮演着这样的重要角色。

追梦的轨迹 ·· 70
也许，对于北大来说，我只是又一个前来追梦的旅人；但是，北大于我，却是我心灵的天涯海角，永远的归属。

梦痕
——留予他年说梦痕，一花一木耐温存 ················· 73
素闻北大思想自由，兼容并包，学风盎然，人才荟萃，不禁心向往之。命运的齿轮悄然旋转，似乎冥冥之中，我便与北大结下了不解之缘。

伊人在水 ·· 77
　　燕园，便是我心中那位永恒的伊人。为了实现对你的承诺，尽管面前"道阻且长"，我依然会跨过坎坷，无比坚定地向你走来……

邂逅北大 ·· 82
　　我只是撑着油纸伞，在杏花烟雨江南的青石铺就的小巷里走着，一步一步，却蜿蜒到了北大。一抬头，有惊喜，也有一种宿命相逢的感觉。

又到蓦然回首时 ·· 85
　　从今天起，从零开始，戒骄戒躁，努力拼搏，让燕园深厚的文化底蕴滋养我、哺育我，让我如一个初生的婴儿般尽情地汲取养分，让我在新的航道上扬帆起航。

青春与北大的交响 ·· 89
　　十八年的安静与躁动，清隽与沉郁，都汇成了对青春的慨然决绝和对燕园的执著眷恋。

从边疆走向首都 ·· 94
　　我是一朵边疆绽放的小花，花小色单，却充满芳香。我是一棵边疆扎根的小树，杆小枝短，却充满生机。我是一只边疆破壳的小鸟，身小力薄，却充满理想。

感谢 ·· 97
　　很多时候，我为自己曾经认识这样一群优秀的人感到骄傲和幸福。也许当我有什么困难再次拨通他们电话的时候，我相信对面一定是真诚的话语与无私的安慰。

与青春有关的日子 ·· 100
　　在我19年的青春记忆中，一些重要的人在我的心中占据着重要的位置，他们与我在一起的日子，有欢笑、有泪水、有甜蜜、有辛酸……

佛光 ·· 105
　　我依然不信神佛，但我笃信着比佛光更光亮、更温暖的母爱。它一定能保佑、庇护着我顺利前行。

盛夏四篇 · · · · · · 109
惦记着往昔的爱与欢笑，收拾好青春的行囊，我将再次义无反顾地出发。尽管这一次的征程会有更多的挑战与磨难，但在通向未来的道路上我不会退缩。

莫失・莫忘 · · · · · · 114
长这么大我应该感谢许多人，也许一个过客的眼神与话语都会成为改变我命运的动力，我没有忘记，也不会忘记那些笑容、那些批评、那些伸出的帮助的手……

月转身 · · · · · · 117
且行且思。做一个月下转身的行者，心能转物而不被物转，那么纵然是断岸千尺，落崖惊风，也可以眉目清朗，内心安宁。

梦在远方 · · · · · · 120
那些一路走来的深深足迹，那些轰轰烈烈的缤纷往事，那些浓墨重彩的少年心情，却在记忆的肆意涂抹下越发模糊，渐渐隐没在岁月的浊流中。

追梦乐章 · · · · · · 124
像演奏一支乐曲般对待自己的生命，当无法预知下一小节会出现什么音符的时候，将眼下的音符弹得圆润动听而又铿锵有力，便是对生之乐章最好的诠释吧。

心语・悟 · · · · · · 130
有时候想，时间是怎样把一个个的我从身上剥离，推到记忆深处。仅仅是一眨眼、一回首、一次举头凝望天空，我就被推到时光的前缘。

见证 · · · · · · 133
寒窗苦读的辛酸在这个火热的盛夏画上了一个完美的句号，悸动的青春在这个盛夏开始了一段新的征程。断章如诗，微光雀跃，未名博雅，湖光塔影，燕园之门，已然打开……

家 长 篇

我为儿子插上飞翔的翅膀 ················· 139
　　我常常用最柔软的心对待可言,用充满爱意的眼神望着他,有时故意在他能听得到的时候向别人夸奖他。

好孩子是教出来的 ····················· 143
　　好孩子是教出来的,每一个孩子都有可能走进燕园,家庭教育在孩子的成长中起着至关重要的作用。

注重引导,培养习惯,打开孩子的成功之门 ········ 149
　　每个孩子天性中都有能够使他获得成功的性格要素,作为家长,发现并培养孩子们这些性格要素,引导孩子纠正弱点和不足,才能为孩子的成长找到正确的轨道,为孩子打开成功之门!

人人有才,人无全才,因材施教,个个成材 ········ 153
　　恰当的赞赏与批评,能够拉近孩子与父母间的距离,让他们感受到父母的爱。

家庭教育随笔 ······················· 158
　　对于现在的孩子来说,我觉得他们一定要有自己的专长。所谓专长,就是比别人下工夫多些、比别人了解得多些、比别人研究得深入些。有了专长,就有了对获得专长的过程的体验,这对今后学习任何其他事物都是有益的。

飞扬的心中之梦 ····················· 163
　　孩子的成长教育是个系统的工程,不可一蹴而就。学校和家庭是孩子成长的两个摇篮,不可偏废。

助长点滴 ························· 167
　　这些课外活动也许对她的成绩提升起不了什么作用,但我们之间建立的亲密、和谐、相互信任的关系却是更加难能可贵的。

难忘的几件事 ······················· 171
　　在成长的过程中,孩子就像个冲锋在前的战士,冲锋时会不断遇到问题,只有勇敢、智慧、团结,才能克服困难并最终赢得胜利。

目　录

梦想成真 …………………………………………… 176
　　我家离孩子的外婆家相距近十里，山路陡峭，杂草丛生，从儿子学会走路起，我们便让他独立行走，跌倒了起来，再跌倒，再起来！

为孩子插上全面发展的翅膀 …………………………… 181
　　我们从孩子很小时，就把身份定位在"家长"和"秘书"的双重角色上，并且"秘书"的分量要占70%以上。

唯考北大无遗憾 ………………………………………… 188
　　也许这里有一股神奇的力量，似乎像茫茫大海中那矗立着的灯塔，为女儿充满希望的起航确立了方向。

挖掘潜质，因势利导，放飞希望 ……………………… 195
　　每个孩子都是父母的杰作，父母要发自内心地欣赏他们，从心底关怀爱护他们，不断地挖掘他们内在的潜质，也许有一天，他们的才智会像火山爆发一样，让你没有准备，让你感叹，让你惊喜。

我努力我成功 …………………………………………… 200
　　有时儿子对我们发脾气，我们既不往心里去，也不对他说教，因为我们知道也许儿子遇到了不顺心的事，学习上有所困惑。

与孩子一同前行 ………………………………………… 203
　　如果孩子是一朵鲜花，那么我们家长就是一片沃土，为他输送营养，让他绽放得更加美丽鲜艳。

梦圆北大 ………………………………………………… 208
　　那是一次梦想之旅，也可以说是一次立志之旅。我和儿子游览过无数名山大川，在他的记忆中唯独对那次北大之旅记忆深刻。

甘做孩子的铺路石 ……………………………………… 213
　　每每在星空璀璨的夜晚，我和女儿坐在老槐树下，仰望深邃的苍穹，远眺黑魆魆的群山，畅谈理想。我问女儿的理想是什么，她手托下巴，斩钉截铁地回答："我长大了要上北大。"

感谢工作 ………………………………………………… 215
　　"书到用时方恨少，白首方悔读书迟"即是我送给她的生日礼物，随之也成了她自勉的座右铭，家长良好的习惯永远是对孩子良好行为的启迪。

梦想照进现实
——儿子成长日记 ········· 218
激动的思绪像潮水，一经涌出便无法控制，其中也夹杂着泪水，这便是人们所说的幸福的眼泪吧！

扬起五彩风帆，追赶梦想 ········· 225
我们像猎鹰一样不停地翻飞盘旋，执著地寻求适合女儿成长的方向和道路，过程虽坎坷曲折，耐人回味，但说来却非常简单：帮助取舍，陪伴成长，综合发展。

有志者，事竟成 ········· 230
孩子，你还记得你的第一张奖状吗？那是你小学一年级参加速算竞赛时获得的，居然是年级第一，我和你妈妈都为你感到自豪和骄傲。你的学习劲头也从此一发不可收拾。

永远的宝贝 ········· 233
随着你的渐渐长大，我们也深深地感受到你对我们的爱，怎能忘记在大雨滂沱的夜晚你为妈妈送雨具的身影，怎能忘记你在假日里为我们准备好的可口饭菜，怎能忘记在外求学的你因为怕我们担心，总是向我们报喜不报忧……

两代人的北大缘 ········· 238
从进北大对我们来说是一种奢望，连梦里都不敢想，到现在小女被保送北大，冥冥之中似乎有一只推手，在一步步把我们与北大绑在了一起，没有其他，只是有缘。

放飞 ········· 242
作为家长首先学会倾听孩子的诉说，而且一定要相信他说的话，然后帮他分析，如何处理也是先听他的意见。

勿忘故土 ········· 247
故土是根，离开了根，花与果将不复存在。不管女儿今后走到哪里，我都希望她不要忘却根本，不要忘却自己是农民的后代，不要忘却白发苍苍的爷爷仍不辍耕作。

谁言寸草心，报得三春晖 ·················· 251
短短的18年已过，就像清风拂过海面，平静但又泛着层层涟漪。曾经的孩子已经变成大人，而曾经的我呢，头发里也有了些许白发，脸上也多了些皱纹。

感恩北大，寄语女儿 ·················· 255
北大是你人生路上的一块里程碑，是你生命中的一个新起点。从家的摇篮到独步社会，你会面临诸多新的课题。你是否有足够的思想准备去迎接一切、有足够的勇气去拥抱崭新的生活呢？

孩子，我们想对你说 ·················· 259
不要被任何人任何事情俘获你年轻的思想，保持可贵的人格的自由，思想的个性。面对连你的父辈都未曾碰过的新情况，不必迷信，不必彷徨，不卑不亢，冷眼热肠，邀理智为伴，请智慧帮忙。

学生篇

姓　　名：康宇辰
录取院系：中国语言文学系
毕业中学：四川省成都实验外国语学校

今夕何夕，成此佳遇

1

我就这样与燕园相遇了。我见了她古雅的朱楼，琉璃砖瓦默锁着深邃的灵魂。这相遇是我的幸福，我渴望我年轻的灵魂从此成为她血液里新的一滴。

有人曾说，我们爱的不是这固有的生命，而是这生存的趣味。此言深得我心。不过，于我，生有百趣，独爱斯"遇"。

2

遇，是我的欣喜。

平日忙里偷闲，尤爱独步于自然：遇了风迎面，更送湿草的清香，或遇某刻天空，云彩为我舞蹈得奇妙，我便感到快乐。后来听闻古人叹"奈此良夜何"，那纯粹的因美而动情叹奈何的声音，真使我如闻知己。

遇的欣喜与沉醉，多是发自于对平凡、细小的生活时刻的理解。经历高三，我比从前更理解其中包含的关于幸福的真理——幸福源于我们自身、源于一颗愿意爱生活、与生活的点滴相遇相融的心。不是没有在压力与失败面前浮躁、迷失过，也不是没有在顺境中放纵过轻浮的急功近利之心。当我可笑地自困于升学的狭小天地，我曾离开了遇。可是一旦失去了"遇"的"闲心"，人也就没有了理解与深入的可能，更不用说还保有那一份珍贵的幸福。最终，我争过的结果或许于别人仍为可羡，于我却是苦涩的。然而，我从此懂得了幸福的所在，找回了我的宁静自醉的世界，这又未尝不是一次超越，一种幸运？

3

遇，还是我的向导。

遇给了我一个精神的家园，给了我梦想。我爱书，因为书是载我去经历"遇"的船。书给我的精神带来了太多奇妙的相遇，幸福的邂逅。有时闲游书页，蓦然可以闻兰；有时隔世一遇，顷刻而识知己。

正是书中相遇，使我走马听到了《诗经》淳朴的一咏复三叹，闻到了屈子兰佩的清香，看到了魏晋士人在反抗中达到的自由与高度，品到了盛唐的醉意与豪情……我珍爱这门语言与它所承载的那个世界，不仅因为它在我生命的最初就留下印记，而是因为它的美、它所承载的文化与精神的美。

今夕何夕？闻兰阡陌。中文与我，遂成此佳遇。

有时我想，或许我与北大的缘分，正是"遇"所渡来。

人当为了什么而活着？"遇"很早就开始让我思考和回答：为了有益于那些美的、珍贵的事物，为了听从理想的召唤——至少只有这样我才感到富足并快乐。因此若是我选择，我就愿意为了艺术和美而活，我愿意用有限的生命去理解、保存和创造它们。

我还记得一位北大老师在我的中学的讲话，他说："进入北大，是为了你的理想，你在你的研究中是不会知道累的，因为你爱她。"这位老师说得那样朴实和真诚，使我为之而动容。那次讲话让我更坚定了一个信念：这是对我来说最合适的大学，她让我感到那么亲切，她会理解我并帮我实现我的梦想，因此我必须属于她——尽我的全力。

4

遇，更是我的磨刀石。

我永远与生活相遇相随，而生活于谁都不可能一帆风顺，于我亦是如此。

高三的学习是紧张的。我曾是个惯于随兴而为的幻想家。我用功学习，但不全力于此，我喜欢把"闲书"比"课本"更用功地啃着。我的梦想遥遥在天边，我随着它走，却颇不知理睬眼前。我还记得我的零诊，那是现实好心给我的当头一棒，高三从那时开始了。我不知道应该怎样面对高三，我无法适应被学习挤占掉所有原本属于自己阅读和思考的时间，我无法适应睡眠不足带来的持续疲惫，我无法适应从来没有过的考试的连续挫败。高三以前，我似乎特别地受着生活眷顾，学业顺利的同时也有暇滋养梦想的小小天地。可是于高三相遇却是一次考验。经由它，我知道了什么是失败，但我也知道了那可以在失败无数次后再次起来奋斗的自豪；我知道了什么是辛苦，但我也知道了一切辛苦都因理想而有意义时的幸福。我不再是在生活的蜜罐里悠游的孩子，我理解了什么是奋斗，我因此而成长。

高三，遇到过考验的也有我的理想。我常常见到种种功利主义的生活态度，将一切行动的动机捆绑于个人的狭隘的利益。人们听说我愿选择中文，往往感到惊讶。我是否是过于天真和理想主义的？我是否真的对现实过于无知了？我所追求之物是否真的可得？——有时我问自己。我承认我曾感到过迷茫，我的迷茫甚至使我恐慌。

可是我也有了另一些"遇"。我想起我最喜爱的法国诗人波德莱尔，我曾一次又一次地被他感动。在颓废忧郁的表象之下跳动的，是一颗那样顽强地执著于善和美的高贵的心。我常想起他对自己的追求的自豪："那些苍白的玫瑰花，没有一朵似我那鲜红的理想。"为什么追求美的反该受质疑？为什么为一个民族保存它最珍贵的价值该被认为"无用"？——我有过的迷茫使我思考，反而让我对理想更加热爱和坚信。

我感谢所有这些挫折与迷茫，它们是琢磨我的刀石，我与它们相遇，它们为我凿磨出一双更坚强坚定的飞向未来的翅膀。

5

我喜欢《诗经》中的《绸缪》一诗：今夕何夕，见此良人。子兮子兮，此良人何。那三段回环迭唱，道尽了遇的欣喜。这快乐属于纯粹的生，因此它无邪而动人。

而今，我遇燕园。粲然而喜罢，沉淀出满心的宁静。眺望前方，看到未来的路正被梦想的阳光晒得和暖，亦不失为乐事。

于是，回首观我来路，千般心情在胸中氤氲、酝酿，最终只化作悠悠一句：

"今夕何夕，而成此佳遇？"

个人格言：穷且益坚，不坠青云之志。
学习感悟：我学习，因为梦想催促我。
个人寄语：我的幸福在路上。

姓　　名：陈　坤
录取院系：信息科学技术学院
毕业中学：陕西省西北工业大学附属中学

执著的梦

鸿雁飞过，牵来一纸萦绕心头的红书，轻轻打开，指尖滑落三年的风华，心头放飞那环绕的执著的梦。如今，尚未启程，但我已神游到宏伟的燕园，置身巍巍博雅塔放眼天下，掬一捧悠悠未名湖水涤荡心灵，徜徉在这梦绕的宫殿里，漫步在这流溢着浓郁气氛的圣堂里，我热泪盈眶，心潮澎湃，感慨终于可以将压在心底多年的夙愿吐露出来，终于在梦想和现实间实现了完美的转变，一飞冲天。如今，尘埃落定，蓦然回首，那追梦的历程几多坎坷，几多波折，几多执著。

一、筑梦燕园

一直以来，我都对燕园有着一种特殊的情结，我钦羡燕园的文理兼修、并治天下的传统；我向往燕园那笼罩般的学术、人文、诗情画意的氛围；我渴望来到这才华横溢，海纳百川的学府。自小，我就同时喜欢文理两科，既喜欢在理性思维的八阵图里步步推敲，体会芝麻开门的揭秘乐趣，又偏爱于感性世界中天马行空，汪洋恣肆。然而文理分科，对我而言，如同失去左膀右臂般剧痛，在理科的囚笼中，我常常深深怀念那些翻着地图册背每个国家首都时的快乐，满足和自豪，常常眼前浮现出一个个历史人物鲜明的脸庞。而如今，海阔凭鱼跃，天高任鸟飞，我欣喜地跃入这一片广袤的阔海，飞上了一览众山小的云顶。步入燕园，可以重接断去的残肢；步入燕园，可以重拾昔日的所爱；步入燕园，可以逃出龙头、凤尾、三段论的枷锁，可以不用为赋新词强说愁，可以挥笔一蘸千钧水洒下梦幻般的文字。

二、为梦漂泊

怀着心中的梦，也为把握自己的命运，我告别了曾数过十五次花开花落的家乡，踏上了异乡的高中历程。至今想来，我都对那种初来乍到，人生地不熟，还要在号称战场的母校去努力拼搏而辛酸和艰难欷歔不已。常常为考试的不理想在心底哭泣，还要强装笑颜，故作乐观和镇静，害怕别人看到自己的窘态；常常对满盆堆积的衣服而发呆，思绪飞回从前，一遍遍默数父母的好，甚至那些吵架与不快，都成了最美的回忆；常常羡慕那些成为学校焦点的同学，看着他们的光芒万丈，暗暗愤懑怨恨自己的平凡。但深深明白为何而漂泊的我没有放弃，航行在困难的海洋中，我的耳边时常响彻那催人奋进、意气豪迈的《水手》："他说风雨中这点痛算什么，擦干泪，不要怕，至少我们还有梦。"对，无论何时，无论何地，梦想是最重要的，因为拥有梦想，所以执著追求。我执著的在夜阑人静之时仍奋笔疾书，用努力去填充慧与拙之间的沟壑；我执著的去全身心投入那没完没了的考试——排名，为哪怕一点点的进步而高兴；我执著地在这马拉松式的拼命中追赶优秀者的步伐，哪管自己很累很疲乏的双腿。终于，第一个难熬的学期过后，我可以用突飞猛进的成绩来安慰孤独的心灵，漂泊的我第一次感到梦想在向我招手，希望的阳光如此明媚，风景这边独好。

三、梦在破碎飘摇间

"行路难,行路难,多歧路,今安在?"随手拈来李太白的这一句诗篇,竟是充满波澜的生活最逼真的写照。一直以来,我都把宿舍舍友当作肝胆相照的异姓手足,而枯燥无味的高中生活,也让我们义无反顾地投入网吧的怀抱,我们无视那些居安思危、次次独领风骚的强者,无视身后渐渐迎头赶上的上进者,我们就像一群醉卧不夜城的醉汉,在游戏中歌舞升平,在虚拟的世界里醉生梦死。这段经历却在我的心间留下难以抚平的伤痕,那些被蹉跎虚度的青春年华分分秒秒浸满血泪,不堪回首。而更糟的,高频率的上网,让我那早已不堪重负的身体,在一瞬爆发。我开始三天两头往医院跑,我默默忍受着肠胃的绞痛,我开始恐慌还有四十几次的心率。对那如同吴刚斧下的桂树般永远补不完的课程,我从愤怒到悲哀再到麻木。别人投来的异样目光,老师极力掩饰的失望的眼神,自主招生考试秋风扫落叶般的惨败,都让我在无边的消沉中迷失自我,无力去抓紧那即将消逝在风中的梦。直到有一天,恍惚间我在礼堂里听到燕园老师那掷地有声,至今萦绕耳边的号召:"你们在座的都是全省的精英,北大的校门向你们敞开。"寥寥数语,对我而言,却是昂扬的战歌,让我梦回吹角连营,让我怀念在题海中金戈铁马,驰骋沙场,横刀立马的当年。我开始如梦初醒,开始有了脱胎换骨般的变化,心中那气壮凌云的男儿豪情被毫无保留地激发,半卷红旗出辕门,收复关山五十州。终于,我小心翼翼地挽回了心中的梦。现在想来,失去让我们珍惜,知耻才能后勇,因为尝过梦在破碎飘摇间的滋味,所以一直用加倍的努力去补偿纠结的心债。

四、好梦多磨

关于高考，我已不想多谈什么，几人欢喜几人忧。我的回忆只定格在那第一天下午的暴雨，把第一天狂喜的我，打入第二天的泥泞。成绩出来的时刻，我的心碎了，暗暗悲泣那执著追求的梦难以成真。然而，在我心灰意冷之时，在我已准备到上海的一所大学求学时，我却意外地收到梦萦的那纸红书，背负幸运女神的青睐，以本省最低分进入这片梦中萦绕的圣地。我感慨，我激动，在这如此多的波折后，梦想如同凤凰涅槃般不可思议地成真了。一时间，百感交集，思绪澎湃。

（尾）梦的续篇

好友略带幽默地鼓励我："最后一名，你的前途一片光明啊，只可能进步，绝不会退步的。"我真诚地把这句话放在心底，且自嘲，且自勉，我将为这个执著的梦作一个结，在这个梦想上编织另一个更好的梦，飞往前方，飞往柳暗花明处……

个人格言：把生命划分成小部分，充实地走完每个部分，此生便已无憾。

学习感悟：兴趣和效率是第一位的，当然，也不能没有努力。

个人寄语：充分享受自己幸福的大学生活，让未来可以追忆这段似水年华。

姓　　名：赵聚晟
录取院系：信息科学技术学院
毕业中学：江苏省六合高级中学
获奖情况：江苏省化学竞赛省二等奖

我的 3 号宿舍

　　站在宿舍大楼的门外，一树的阳光斑驳在矮墙上，新开的花儿芬芳馥郁，一切依旧，唯独人去。今天返校领档案，才有机会重拾逝去的时光。兀自犹豫是否进去看看，昔日的宿管迎面走了出来，看到我，他很诧异，转而又很惊喜，笑着道了一声恭喜，寒暄几句便指指里间："既然来了，就进去看看吧，这一去以后恐怕再难来了。"

　　光影如甲虫般在墙上轻轻爬动，缕缕微风滑过脸颊。他的话伸进我的心里，拖着步子，走到我的 3 号宿舍。舍门紧闭着，一切却还是老样子，门把手依然缺了一角，锁孔的上方还是有一个小洞，上面的窗子永远地敞开着，厚厚的灰尘铺满窗台。

　　轻轻地扭开门，光荡荡的洗漱铁架生生地刺着我的双眼。上面本来应该放满漱口缸子、肥皂盒、沐浴浮的啊。我的小浣熊，2 铺的纳爱斯，3 铺的中华，还有……八个人八份用品，一字排开，干净利落，整洁有序。早晨的我们总是特贪恋床，非得铃声响起后才猛然蹿起，我们忙而不乱，不大的水池硬是能挤下四五个人，嬉笑打骂声还在耳畔空自回荡。

　　铁架下面的洗衣盆，怎么也空啦？那橘色的脚盆，第一次洗衣服用的可就是它，那副笨手笨脚的拙样现在想想仍记忆犹新。小小的一件 T 恤愣是摆不平，洗法完全不得要领，总是有照顾不到的地

11

方,领口、袖口才洗干净、后背又蹭脏了,若不是有宿友指导真不知该如何收场!

又走进去两步,便到床铺。四张双人床还在原地,而我的1铺也还是原样,只觉着蓝色的铁护栏又剥落了几块油漆,锈渍斑斑驳驳,黄梨木板被腐蚀得越发严重,沙沙地落着屑末。回想那时的我们睡觉还真是野蛮,记得第一天早晨醒来,睁开眼便看到包头的蚊帐。蚊帐横断地耷拉在空中,无力地讲述着我昨夜的暴行。蚊帐散了,蚊子更加有恃无恐,第二晚我实在没法睡,硬是跑去6铺挤了几宿。而今呢,不知道这床还经得起这样的折磨吗?

目光渐渐移到下方,移到那晃动的灯绳,可灯却早已无影无踪。环顾一周,5铺、8铺上也都空空荡荡,那可是我们的窝点啊!每天上课归来,这里便是我们的天堂,二三人一盏灯,或组或群,时而埋头奋笔疾书,时而低声相互讨论,八个人人人学得有声有色,有滋有味,诚可谓之不亦乐乎!而一到星期天,我们便抛开书本,几个人一聚,下下棋、打打牌、玩玩游戏,宿规当然明令禁止,但对于缺少娱乐的我们又怎么拦得住呢?

最后一段时间,我嫌爬上爬下不太方便,便搬去8铺。信步走到8铺,小书橱上竟然还留有几张小纸片,我如获至宝,小心地拿起来,端详一番,原来是当时抄得的材料,这一张张小纸片幻成一本本大书跳入各人的手中,是啊,每个人都有,厚厚重重的一本,大家专心致志地抄录每一份有用的材料。常常为了泡图书馆,而省下午餐或晚餐的时间,哪怕仅仅是一道题的巧妙解法,一句颇富哲理的名言,一个小小的行文技巧,我们孜孜不倦,持之以恒。

上下左右四面八方的压迫已让我窒息,在这儿我不敢也不能再驻足一秒钟,匆匆转身离开。门不知何时已经关上,门上贴着一张纸,走近看,竟然是宿规。真是好笑,以前天天走进走出,也没有发现它,要走了,它才冒出来,也不知道是什么时候贴的,看了看日子,原来是2003年8月,竟然用到现在,恐怕以后还会用下去吧！

用下去？宿规会用下去，我的3号宿舍何尝不是呢？我猛然惊醒！泛黄的纸边提醒着我，我们来前，这里有人住过，我们走后，这里依然会有人来。我的3号宿舍又将重新注入活力，又会成为别人的3号宿舍，它不是死的标本，而是永远鲜活的生命，在这里，依然会重新展开一段新奇而又相似的过程。它总是一代追梦人的垫脚石，于是每代人都在寻找自己的景深，寻找自己的记忆。我释然，有它在，记忆又怎会破碎？又怎会流离？只要有它在，寻找的人总能看到岁月的脚步，听到历史的回声，艰难跋涉的心灵总会找到温暖如春的家。

不会错的，放飞的理想只需要振翅高飞，何必隐痛，何必忧伤，痛痛快快地踏上新的征程。

顿悟，阳光被乌云藏在后面，心中的落寞一扫而光。出了门，大踏步地向前，只带走心中的点滴，别了，我的3号宿舍！

个人格言：让思考成为一种习惯！

姓　　名：李西京
录取院系：元培学院
毕业中学：吉林省东北师大附中
获奖情况：全国化学联赛吉林赛区二等奖、全国物理联赛吉林赛区三等奖、吉林省作文竞赛一等奖

难忘来时路

高三宿舍门前有一条通往学校的小路，三百个日日夜夜里，我一次次从那里开始追梦的旅程，驶向未知的终点。小路的两边在又一年盛夏碧草如茵的绿色里，藏着我18岁的华年。再走到路的尽头的时候，我不禁回眸凝望，难忘一路走过的这条小径，那上面一个个深深的足印里都盛着生命的艰辛和收获。

一

2008年的树叶终于落了，盖满了那条并不宽的小路，那年一次又一次考试的打击让我每天都怀着一份迷茫与彷徨走在这条本来很有诗意的路上。望着一地落叶，总觉得它们很可怜，它们在飘落时不知道大地会用冰冷而严厉的脸颊去迎接它们热切的到来。总觉得自己也像落叶，热切地向理想狂奔，却不知道在现实的终点等待我的也许也将是一个冰冷的结局。直到那一次在路上偶然地抬头，看见风中的落叶打着卷，欢快的飘落，在天地间翩跹了生命尽头最美的舞蹈后，把最深情的亲吻献给大地，然后在这本来很冰冷的归宿里做一个温暖金黄的梦。原来树叶是这样奔向终点的——浮想联翩中我恍悟脚下的这段旅程才是展现生命舞姿的舞台。因为对梦的执

著，我也许本该在追梦的旅途中留下最美的舞姿；因为对人生的珍视，我也许本该让旅途中的风景在记忆的底片上留下深深的痕迹。于是从此以后，我都会怀一份对知识的虔诚踏一地黄叶走向学校，在这条小径上昂首挺胸地走向未知的前方。我本该如那些酣睡在路上的黄叶，尽力飞翔过，不必担心终点在哪里；无悔地付出过，大可以在路的终点留一个满足的梦。

二

雪哑哑地落满门前的小路，踏一地皑皑白雪的我将怀一份忐忑从这里前往遥远的北京参加自主招生考试。念叨着面试注意事项，一个瘦瘦高高的身影映入了我的眼帘，那是我曾经的同桌，是我们这个文科班里仅有的几个兄弟。他正了正我不知不觉中已歪在一边的白围巾，拍了拍我的肩头，在朔风中放飞了那句："路上冷，别冻着，加油！"那一刻，我的心有些发烫，同窗三载，那份一直相伴的温馨关爱就像满天轻飏的纯洁雪花，无声地将大地温情地覆盖。我们在这条小路上相逢，正如我们人生长途中温暖的邂逅。即使有朝一日，回首已离别，天各一方的兄弟也会在温暖的回忆中一如当年，一路相伴。我走到路口转了个弯，小路上，他还在目送我，雪花轻轻地，在他挥动的手臂旁落下，他脸上的微笑在漫天雪花中化作了我心中动人的诗篇。在未来的旅途中，我的身后将永远有那双饱含着希望与关切的双眸温情地注视，在那目光的关切与鼓励中，我将无所畏惧地走向前方。风雪中，我一步步地走地向汽车站，路上的积雪咯吱咯吱，有力地应和着。兄弟般的关怀将伴我走过长长的旅途，伴我走过生命中一个又一个寒风凛冽的冬天。

三

　　月的清辉在盛开的五月繁花中静静地洒满小路，独坐在路边的我轻轻地将黄纸钱点燃。在汶川地震一周年纪念日的清夜里，一年前的那个令全国人民泪飞的日子在我的脑海浮现，而高考前一次砸得没影的大考更让我在国殇之日添了几分绝望。火渐渐地燃起，纸钱哗哗剥剥地燃烧，我用一份虔诚的悲悯卑微地祭奠那些一年前长眠地下的同胞。面对逝者，我第一次真切地感受到活着就是希望。打开MP3，黑夜里，那首一年前让无数人重获爱与希望的抗震歌曲《相信爱》在没有人迹的小路上静静回荡，那熟悉又温馨的旋律在这一刻令我无比动容，歌声中，我想起了天崩地裂的瞬间，一个个被埋在黑暗中的生命，想起了他们在可怕的寂静与绝望中对生命的爱与希望。他们用那份战胜死神的执著诠释了生命的可贵，他们更告诉我奔波在人生路上，别忘了把一份爱与希望装进行囊。人生中注定要走过眼前这样长夜里没有人迹与黎明的小路，但行囊中那份爱与希望就是我们在心中燃起的一盏灯，有了它相伴，前方曲折的路也就不会黑暗无光。火慢慢燃尽了，送去了我的祝福与缅怀，也燃起了我心中熄灭已久的爱与希望。明天，当清晨的阳光洒满这条小路的时候，我又将从这条小路走向学校，走向远方；又将在心中爱与希望升起的地方用信念作锄头，在知识的田野上播种理想。

尾声，不是结局

　　六月的夕阳脉脉依偎着小路，我将告别这条小路和高三生活了一年的地方。一摞摞书和卷子被汽车搬走了，被搬走的还有一年来在这条小路上留下的记忆与收获。当看到电脑屏幕上那句"在未名湖畔等候你的到来"时，我激动的笑容在那一瞬间凝固。我想起了那条小路，想起了我将从新的起点走向远方一如我从那条小路上走来。路上的疾风苦雨也罢，路上的似锦繁花也罢，都将是镌刻在我青春岁月中的别样记忆。而我，将继续在生命的旅途中前行，去收获奔走在路上的幸福，还有人生中的一路风光。

　　个人格言：得之我幸，失之我命。

　　学习感悟：披千里冷月寒星，望一路吹角连营，此身已系关山外，梦里犹伴兵车行。

　　个人寄语：从头开始，从心出发。

> 姓　　名：常逸坤
> 录取院系：信息科学技术学院
> 毕业中学：河南省洛阳市东方高级中学
> 获奖情况：2009 年河南省级三好学生，2009 年河南省级优秀学生，第 25 五届全国中学生物理竞赛二等奖，2007、2008 年全国高中数学联赛河南省赛区预赛一等奖

逝水年华里的随想曲

前奏·最初的梦想

如果骄傲没被现实大海冷冷拍下，又怎会懂得，要多努力才走得到远方？如果梦想不曾坠落悬崖千钧一发，又怎会晓得，执著的人拥有隐形翅膀？把眼泪装在心上，会开出勇敢的花，可以在疲惫的时光，闭上眼睛闻到一种芬芳。沮丧时，总会明显感到孤独的重量，多渴望懂得的人给些温暖借个肩膀，很高兴一路上我们的默契还那么长，穿过风又绕了弯，心还连着像往常一样。最初的梦想紧握在手上，最想要去的地方，怎么能在半路就返航？最初的梦想注定会到达，实现了真的渴望才能够算到过了天堂。

一声部·蜗牛

"我要一步一步往上攀，等待阳光静静看着它的脸。"

大学的概念，对我来说建立的比较晚。没有从小就立下的名校梦，也没有以"非某某大学不上"来要求自己，只是在心底，我暗

暗埋下一个信念：我要一步一个脚印地走好。对于每件事，我都尽量全力以赴，努力做好我应做的、可以做的，尽可能展示自己，不留下后悔的余地。

还记得高一的时候，我疯狂地迷上了《网球王子》里的不二周助。虽然一切都是虚构的，但我还是忍不住为他的淡定从容所折服。我知道，只有在准备的过程中扎实地做好每一步，比赛时才可以如此淡定从容，面对结果时才可以那样坦然微笑。高考，亦是一场比赛；人生，亦是一场比赛。我的目标不是结果的炫目，而是准备的充分。所以，虽然我一直仰望着北大，仰望着这所中国最高学府，但我并未要求过自己非北大不上，我只是努力地，一步一步往上，让自己更接近北大的高度。

属于

"我坚持的，都值得坚持吗？我所相信的，就是真的吗？"

虽然信念坚定，但我也曾迷茫，也曾自卑。

高二的下学期，自满开始一点点膨胀，颓废开始一点点发酵。自满，是因为过于满足现状；颓废，是因为缺少追求。这两种看似矛盾的情绪像乌云一样笼罩着我，使我看不清前进的方向，更不知道前进的路有多远。虽然靠着信念我撑着一步一步地走，然而却更像是在走迷宫。

高三上学期我去郑州参加竞赛，看见那里学校门前长长的光荣榜，心中深感震撼。一种强烈的天外有天之感，一次由自满到自卑的强烈落差，让我深深地看清了自己的差距。自卑代替了自满和颓废，占据了我的心。

很快到了北大自主招生时期，当我紧张而又满心向往地准备着考试时，却遭到了熟悉人的否认，曾经的努力被忽视，曾经的付出被忽视，甚至连稳定的成绩也被忽视。那段日子是黑暗沉重的，自卑一度让我消沉。但庆幸的是，这次我没有被自己的情绪左右到最后，我用自己的努力和表现说明了一切。尤其是考试期间我在北大的见闻与感触以及遇到的各地优秀同龄人，更激励了我去努力去展示去争取，"我和我最后的倔强，握紧双手绝对不放！"我终于明白了，自满是愚蠢的，自卑是无知的，只有时刻怀着一颗自信与自谦的心才能走得更远。

海阔天空

"看未来，一步步来了……"

当我通过了北大的自主招生考试，确定了保送资格，到最后收到了期望已久的北京大学录取通知书，小小的雀跃之后，我的心情却出奇的平静。曾经向往的未来正越来越近，而我也在这整个过程中变得更加成熟。当校园里响起那首《海阔天空》时，我在心中默默地微笑：每把汗流了，生命变得厚重；走出沮丧，才看见新宇宙。日落是沉潜，日出是成熟，只要是光，一定会灿烂的。冷漠的人，谢谢你们曾经看轻我，让我不低头，更精彩地活；懂我的人，谢谢一路默默地陪我，让我拥有好故事可以说。海阔天空，在勇敢以后，要拿执著将命运的锁打破。

二声部·暖暖

"我想说其实你很好，你自己却不知道，真心地对我好，不要求回报。"

有些东西，总是因为太习惯而被忽视；有些人，总是因为太熟悉而被不经意地伤害。亲人便是如此。然而，不知从何时起，看到母亲弯腰洗衣服我的心里会突然一阵酸疼，看到自主招生期间父亲奔波的背影我告诫自己要更加努力，与父母拌嘴后我会一边偷偷流泪一边忍不住后悔，看到姥姥做饭的背影我不禁想上前拥抱，看到爷爷奶奶为看我而坐车赶来又在我午休的时候悄悄离去我的心里一片内疚……在我成长的路上，亲人的关怀就像一条爱的河流，静静地在路旁流淌，陪伴着我前进、转弯，陪伴着我跌跌撞撞，陪伴着我成长。不知不觉，她早已流入了我的心田。

三声部·我们的歌

"认识你，让我的幸福如此悦耳。能不能不要切歌，继续唱我们的歌，让感动一辈子都记得……"

I have you to be with, everything will be easy. 一路走来，是朋友的陪伴让我不再孤单。不会忘记，放学路上，你"忍受"我竞赛获奖后没完没了的傻笑，你轻轻拉住我说"小心车"、"小心脚下"；不会忘记，一起绕操场时你谈电影谈音乐，我们分享各种奇闻轶事然后一起狂笑；不会忘记，闹别扭后你送我的自制笔芯和"不二"圆珠笔，在电话那头听出我哭泣时你说"我很难过"；不会忘记，你听我在信里长长的抱怨和你寄来的回信；不会忘记，疲惫时你唱歌给我听你借我肩膀靠；不会忘记，在郑州考试时你的陪伴和看你在街头打篮球；不会忘记，在班级工作受阻时你们的支持你们的包容……幸福是间电影院，没有单人的座位，要肩并肩才能看好戏上演。谢谢每一个"你"，陪我看一幕幕难忘的瞬间。

尾声·再见小时候

再见了小时候，懵懂的我，现在的我，已经成熟；风在朗诵，下课的钟，时光静静地走。鲜艳的梦，已经熟透，夕阳洒落，让剪影斑驳，旧旧的围墙外头，悄悄围起未来的轮廓。Let's start from here, at the start of something new!

个人格言：踮起脚尖，就更靠近阳光；用力呼吸，就会看见奇迹。

学习感悟：（坚实的基础＋适当的提高）（理解＋体会＋总结）＝天道酬勤！

个人寄语：健康、充实、快乐地生活。

姓　　名：张高原
录取院系：国际关系学院
毕业中学：云南省普洱市思茅一中

走向北京大学

即将收拾起行囊，离开亲爱的母校，走向那梦想的燕园。此时此刻，我的心情难以言表。向往还是不舍？激动还是平静？欢笑还是泪水？我的内心深处已经把思茅一中和北京大学紧紧地联系在一起，因为她们都是我放飞梦想的地方。

从状元桥走向博雅塔

思茅一中第一届状元的后裔封雨楼先生提笔赋诗一首："鳌头"独占年复年，"魁星"金笔点状元，"珠笔"落处学风振，千秋"洙泗"光"杏坛"。思茅一中，状元的摇篮。在那里，多少位莘莘学子挥洒汗水，充满期待。状元桥下，鱼跃水溅；状元桥边，栀子花开，香气飘散。在这个将要离别的季节，我再次走过状元桥，找寻过去的点滴。从豆蔻年华到激情四射的花季，一中一直是我弹跳翻滚的蹦床，那里记录了我一次次蹦起的高度，也留下了我摔在垫子上的痕迹。状元桥助我走向了巍巍博雅塔，给了我将曾经的梦想与燕园合一的机会。我曾经不止一次地想象在巍巍博雅塔下看书的画面，和好友倾诉心事的画面，和风儿嬉戏的画面……这一切的一切，将不再是我脑海中被时空定格的图景。因为不久之后，博雅塔下就会有我的身影。

从幽幽小径走向未名湖畔

我喜欢走在一中花园小径上的感觉，不论是白天还是黑夜，不管是阳光普照还是阴雨绵绵，那种亲切的感觉让我无法抗拒。那里的花草树木虽然普通，但我就是喜欢。家里不可能有这样的花园，一中有就够了，因为那里是我的第二个家。翻开记忆的书页，呈现的是晚饭后在小径背书的图景，那里不只留有我的身影，还有朋友、同学的身影，我们枕着花香，靠着夕晖，一起努力，一起写下心愿，一起描绘梦想大学的蓝图。不管是悠闲散步，还是追赶上课铃声，穿过那些小径，自然而然的温馨都会有意无意地挑逗你在意不在意的表情。那些曲曲折折的小径，藏着我们的脚印，真的舍不得离开；那些花花草草，映着我们的笑容与忧愁，真的舍不得分别。我要把这些装进口袋带走，带到梦想的燕园，融入未名湖的图景。融融未名，如此向往，我要把脑海里的剪影交于未名点缀。我要在未名湖畔认识新的朋友，用自信挑战新的高度；我要在未名湖中划动执著的小舟，凭着坚韧的毅力，追寻新的梦想；我还要在未名湖畔许下新的心愿，等待流星的闪光在天空中留下痕迹……

移花情至柳意

我喜欢一中校园那一林凤凰树，凤凰花开的时节，一树的火红。我常在凤凰树下驻足。在凤凰树下，梦想过我的2009；在凤凰树下，释放过我的激情；在凤凰树下，放飞过我的希望。又是一个凤凰花开的时节，我幸运地成为凤凰最疼爱的学子，成为普洱市关注的焦点。领取市状元的头衔，收到鲜花和掌声，接受无数的祝贺，幸福的"龙卷风"把我卷得好高好高！六月的天空，似乎就只属于我一个人！老师们上扬的嘴角，筑成了价值连城的笑容。他们为我付出了太多太多，除了无比地感激，我不知道还能说些什么。我轻轻地将一个个笑容珍藏起来，我要将它们带到梦想的燕园，让婀娜的柳条分享我的幸福和快乐。

　　思茅一中，饱含了我太多琐碎的感情和真实的体验。春夏秋冬偷偷转圈，初中高中悄悄收尾，一中一切的一切，慢慢地进入我回忆的史册，让我一点一点咀嚼回味。忘不了那曾经释放激情的篮球场，在那里洒下的汗水，滴滴都跳跃着青春的活力；忘不了曾经输球的泪水，点点都激起更加努力拼搏的誓言；忘不了那个陪伴我学习的教室，还有那条走廊，以及和好友聊天一起透过窗户看的绿绿的草坪，沁人心脾的感觉流淌全身，驱散了许多学习考试的压力；更忘不了为我们操劳的老师，他们在模拟考试后熬夜改卷，对成绩起伏的学生耐心指导，课余时间陪我们说笑聊天……待我同女儿一般的老师们，我真的舍不得你们！当我的心情是落叶的季节，当我的天空一片昏暗，他们总会为我把灯点亮给我前行的道路泼洒阳光。会把我的粗心说成"有才"的数学老师、和蔼可亲的语文老师、身材苗条的英语老师、气质可佳的政治老师、语言搞怪的历史老师、发型怪异的地理老师，我都舍不得离开你们。记得 2007 年的 11 月，我和数学老师作了一个"140 分"的约定，这个约定一直在我心底激励着我。2009 年 6 月 7 日下午的两个小时我赴了约。149！离满分只差一分，虽然有点遗憾，但我们都欣然接受了这个"十全九美"的结果，我暗暗下定决心，这一分要在梦想的燕园里得到，我一定会加油，朝着更高的"一分"努力。我亲爱的老师，谢谢你们！

　　我不愿流下离别感伤的泪水，因为梦想的燕园将会给我另一双飞翔的翅膀，给我另一段精彩的人生，给我另一段难忘的回忆。

　　如诗如画的燕园，是我人生的另一个起点，是我崭新的舞台，是我再次放飞梦想的地方。我会珍惜在巍巍博雅塔下、融融未名湖边求学的机会，我将再次拉起桅杆，扬起风帆，驶向广袤无垠的知识海洋。就算波涛汹涌海浪滔天，我也决不退缩，决不！决不！

个人格言：对手很强，即使只能眺望，但只要看得到，就有追赶的希望。

学习感悟：热爱是最好的老师。

个人寄语：言必信，行必果。

姓　　名：刘通
录取院系：国际关系学院
毕业中学：中国人民大学附属中学

高三的苦辣酸甜

高考的硝烟早已散尽，望着手中火红的北京大学录取通知书，高三的点点记忆却不住地涌上心头。是惆怅，是欷歔，是慨叹，还是恋恋不舍？心中真的是五味杂陈。高三的那些苦辣酸甜远不是一纸薄薄的录取通知书所能记载的，它是一种鲜活的人生经历，是一笔宝贵的人生财富，是一段动人的人生乐章。最美丽的风景不是在旅途的终点，而是在沿途的道旁。我希望这篇文章能尽可能多地记录下自己高三所经历的苦辣酸甜与真情实感，也希望能对即将迈入高三的学弟学妹们有所裨益。

苦

不管再怎么美化，高三的学习生活也还是苦的。素质教育的大旗在高考这根指挥棒的压力下，于高三时悄然落下。为了考取一所理想的大学，一点苦也不吃是不太可能的，而为了进入梦想中的北大——中国的最高学府，则要付出比其他人更多的努力。俗话说得好：台上一分钟，台下十年功。每天一点一滴的进步都是用辛勤的汗水换来的。以前总羡慕身边有的同学平时说说笑笑、打打闹闹，考试成绩一样出类拔萃，我总以为那是因为他们聪明绝顶，而自己没这个天分，有时也不免自怨自艾。经历了高三的奋斗，我才理解了那句老话：要想人前显贵，必先人后受罪。成绩的提高绝不是睡大觉和喊口号就能办到的,而是日复一日踏踏实实一步一个脚印学出来的。高考难吗?难!因为它考察的是高中六科三年的知识。高考容易吗?容易!当你的功夫下够,知识熟谙于心,你会发现高考不过是"照章办事"。高三时的每天基本都贡献给了学习。上课要认真听讲,不放过老师说出的每一句话,因为它们没准儿就出现在了哪道题中。完成作业还算轻松,可除了完成作业,还要自己加班加点地查漏补缺,这就需要极强的自制力了。每天晚上当孤身一人面对眼前各式各样的复习资料时,难免会出现懈怠的情绪,是坚持到底还是半途而废,往往取决于自己的意志力。身边没有白天时较着劲儿的同学,最大的动力就来自追梦北大的渴望与随之而来的无形压力。人们常说:"人无压力轻飘飘,井无压力不出油。"高三有人选择轻松快乐地过,我也可以,但我没有,因为我心中还有梦想,我相信现在的付出定能得到与其相当的回报。我知道自己通过不懈的努力,是绝对有实力进入向往已久的燕园的,如果自己贪图安逸而放弃了这样的机遇,我想这不仅会成为我毕生的遗憾,更是一种莫大的耻辱。"人生哪得几回搏",高考是人生第一次改变命运的搏斗,而且这种搏斗的胜负就握在我们自己手里。高三苦点累点能够不留遗憾这比什么都强,其实回过头来再想的时候,发现那时的苦又有什么呢,每天比别人多付出一点努力,也许结果就会产生质的改变。

苦,是一种人生态度,为了梦想,我情愿多付出一些!

辣

一模,或许是高中三年除了高考外最重要的一次考试,我却考出了三年中最差的一次成绩。知道成绩的那一刹那,真的是辣入心扉,辣得无所适从。区区632分,与历年北大的分数线差距不是一星半点,甚至没到海淀区划定的重点线。我与北大瞬间变得似乎遥不可及，这个分数让我在高考前或许就会放弃报北大，与北大说再见。母亲开始动摇了，她已为我着手准备第二套报考方案。我虽然表面坚定，其实心里也不免打鼓，母亲的态度也让我更加迷惘，北大，我离你真的很远吗？火辣辣的这个问题不时地刺痛我的心，我仍然不甘心，也不愿意就此服输，可火辣辣的答案也摆在面前：是的，还很远。我的生物成绩仍然在班上倒数，还没及格的分数对于一个希望考取北大的学子来说无异于一个巨大的讽刺；又一次跑题的作文让冲击北大的誓言成为了天大的笑话。天助自助者，可当自己都开始不再相信自己，谁又能帮助你走向光明？真的要感谢我当时的班主任汤步斌老师，他第一次找我谈话就鼓励我，他相信我有实力考上670，北大清华对我也绝对没问题。可是我一模惨淡的成绩却辜负了汤老师的期许，但是在这个艰难的阶段，汤老师依然用坚定的话语鼓励我、信任我并给我提出了很多提高成绩的好主意。当一个人快要丧失希望的时候，最需要有人能够拉他一把，无疑，我是幸运的。我重新相信自己，重新鼓起勇气，重新披荆斩棘，重新不懈前进。老师的信任与鼓励和我不服输的性格共同擦出了坚持到底的奋斗火花，使我艰难地熬过了这黎明前最后的黑暗。

辣，是一种人生历练，为了梦想，我必须坚持到底！

酸

给高考减压的机会我一一错失，当班上只有五六个同学没有加分，而我不幸地身为其中一员时，酸涩是最真实的感受。高三时参加的高中数学联赛对我来说是一次彻头彻尾的失败，在数学联赛一试中我神经质般地对了前八道题，却错了后面的全部七道题。成绩出来我不仅离具有保送资格的一等奖相去甚远，甚至还不如高二时的成绩好，这一打击让我在相当长的一段时间内失去了对数学的信心，甚至开始厌恶数学，数学考试时的发挥开始忽好忽坏地大幅波动。更不幸的是，参加北大自主招生考试时正赶上了我数学发挥失常，这也直接导致了我在自主招生考试中的落马，没能获得降分录取的资格。北大自主招生面试的那几天，我坐在已空空如也的教室中例行公事般地听着老师讲课，想象着往日身边的同学正在面试考场中侃侃而谈，总不免伤感。内心里不断翻腾的一个念头：我不比他们差，保送上北大的梦想却早已被自主招生考试那无情的笔试分数残忍地击碎。如果说没有加分只是一种表面的遗憾，那么深层的落寞则是源于自主考试失利后对高考结果的担忧。当一次非常公平的竞争机会摆在面前时，我都没有抓住，到了高考时，没有任何加分的我又能力挽狂澜吗？身边的同学开始了躁动，甚至憧憬起了在北大清华的学术海洋中自由遨游的幸福生活。我酸酸地接受着身边一切或细微或显著的变化，但我不允许自己也跟着浮躁。为了给高中三年画上一个完满的句号，也为了对得起自己这十二年来享受到的优质教学资源和自己辛勤的努力，更为了能够进入朝思暮想的北大，在巍巍博雅塔下、融融未名湖边求学问道，在高等教育阶段拥有一个好的起点，我必须静下心来，充分利用好每一天宝贵的复习时间，重新证明自己的实力。这个时候，怀疑是一种胆怯，相信自己才是开启成功大门的唯一钥匙。

酸，是一种人生感受，为了梦想，我知道要相信自己！

甜

那张殷红的录取通知书无疑就是对我一路走来最甜蜜的回报。如果没有体味过那苦辣酸，我想，我也无法完全品味这甘甜。一模后我的成绩开始回升，到了二模便提高了二十分，在我的坚持下，北大成为了我第一志愿的不二选择。高考，对于已经经历了苦辣酸考验的我，任何困难已经阻挡不了我超越自我、圆梦北大的决心。我的高考成绩并不很高，在这个出了北京市理科前三名的班级里只能算是中等，但我依然很自豪，他们的分数高的令我叹服，不过我更佩服自己，佩服坚强的我能够顶住重重压力，能够克服自身惰性，能够勇敢坚持到底，敢于筑梦北大，勤于追梦北大，终于圆梦北大。

甜，是一种人生幸福，为了梦想，我相信奋斗的过程都是甜美的。

这就是我高三所经历的苦辣酸甜，其实高三的奋斗并不只是为了高考的一个分数，更重要的是经受一种历练，得到一次考验，让自己体味一段追逐梦想的完整过程。

个人格言：宝剑锋从磨砺出，梅花香自苦寒来。

学习感悟：每天取得一点进步，日积月累，就是一笔不小的财富。

个人寄语：每个人都应该心存梦想，并努力地去追逐梦想，祝愿每个人都能实现自己的梦想。

姓　　名：李美子
录取院系：外国语学院
毕业中学：北京市第八十中学

寻梦之路，未名之章

接到通知书的那一刻，表情是平静的，心底却无法抑制地起了波澜。想起那"一塔湖图"中的深厚底蕴和绮丽景色，想起为了走进燕园而付出的努力，想起这一路走来的成长历程，想起很多很多……

仰天大笑出门去，我辈岂是蓬蒿人。

不知道是否每个人都有一段心中充满骄傲的时光，而我是这样的。仿佛从小学开始，我便不用很刻苦就可以取得名列前茅的成绩；一幅书法或是一支钢琴曲就能博得许多人的羡慕和夸奖……我享受着轻而易举就收获的果实，一路走到了高考这个转折点。然而，当我自诩又可以轻轻松松实现梦想的时候，当我意气风发地等待胜利的信息的时候，我得到的，是一个意料之外的失败——当查询系统的页面上显示出609分的成绩时，当心中那个"最坏打算"的录取通知书寄送到家里时，阳光仿佛在一瞬间黯淡下去，天空也是阴霾的。

雄关漫道真如铁，而今迈步从头越。

金色的秋天就要来到，我的心情也平静下来。在经历了失败的洗礼之后，我终于能以平和的心态面对走过的求学之路。而这时候我才发现，原来意料之外的落榜，却也在情理之中。那些曾经一路遥遥领先的成绩带给我太多的掌声，那些曾经令旁人羡慕的才艺带给我太多的赞美，绚烂的灯光遮住了我的视线，褒奖的声音混淆了我的听觉，使我以为自己已经足够优秀，使我忘记"人外有人"这句千古流传的警句……认识到了不足就要去弥补，于是，我决定不要放弃，再给自己一次机会，改正缺点，追逐心中的梦想。我知道，复读的路上会有挫折和艰辛，但是，想要成功，那么站起来的次数就要比被击倒的次数多一次，我相信，我会用坚定的信心和勇气面对！

八千里路云和月。

当面对着文综厚厚的一摞书本的时候；当奔走于教学楼与宿舍之间的步伐匆匆如飞的时候；当犯过的错误再一次出现在卷面上的时候……我发现，备战高考的过程不仅仅是对知识体系的补充和完善，更是对人格的历练、对品行的考验。磨平了自负而轻狂的尖喙，却张开了自信而勇敢的翅膀。体验过临近高考时的惜时如金，也为浪费了的时光而扼腕叹息；了解过"万人过独木桥"的艰辛，也为自己的目标而继续努力。延长一年寒窗苦，酝酿来年硕果香。想起今年语文考试的作文题目——我借着心中隐形的翅膀飞到远方，那里有属于我们的明朗阳光，在梦想开始的老地方，双手合十，许下同样的愿望。

海阔凭鱼跃，天高任鸟飞。

比别人多了这样一种经历，或许会被看成是走了一段弯路，但是，我觉得这样才完成了我的成长。我开始懂得，学习的结果不是成绩单上的几个数字，而是心中永远留存下来的知识、头脑中日益活跃的思想，以及日积月累而增长起来的阅历。我也开始懂得，要以宽容博大的胸怀去接纳和包容，更要以感恩的心向那些默默为我们通向梦想殿堂所铺路的人致敬。我更开始懂得，选择北大，既是选择了一种精神更是选择了一种力量。在北大，我将怀着神圣的使命感，主动地重塑自我，褪去浮华的外壳，淡漠虚荣的光环，以最质朴、最本色、最坦荡的心去面对周围的事物，继续为理想而奋斗，继续前进在寻梦的路上……

个人格言：Try not to become a man of success but rather try to become a man of value.

学习感悟：从小事做起，心怀天下。

个人寄语：北大，为我们的中学时代画上了完满的句号，也是我们辉煌人生的一个起点——携手并肩，我们共同成长！

姓　　　名：罗建宇
录取院系：经济学院
毕业中学：黑龙江省齐齐哈尔市实验中学

向往彼岸的征帆
——记一年复读的历程

夜，静谧的夜色笼罩了一切，浩瀚的银河横贯苍穹，群星时隐时现，于是这条天河便烟波浩渺，水雾朦胧。野花淡雅的清香随风飘来，混合着大兴安岭那红松白桦所特有的气息。万籁俱寂，只有我的思想之舟在悄悄漫溯，漫溯在那短短二十年的时光之河上。为了实现迈入北大的梦想，一千余个日升日落，我们一路走来。远离了城市的繁华，躲避了市廛的喧嚣，淡去了一切世俗的光环。今夜，蓦然回首，记忆如灿烂的星辰，在我的心幕上闪着璀璨的光……

一、启航

北大第一次映入我的眼帘是在 2001 年的金秋，初中课本上一篇田晓菲的《十三岁的记忆》勾起了我对那湖光塔影的无限向往。于是一颗梦想的种子牢牢地植入我的心中。没有任何的口号或宣言，我起航了，我的船始终载着一个美好的梦。也许，梦想真的那么伟大。从那以后，每当失意困惑的乌云笼罩在我心头，那湖光塔影便在我的眼前浮现，让我信心满怀，力量无穷。

二、风暴

岁月匆匆走过，只在身后留下深深的足迹，闪着金色的光。

2008年高考的考场，由于疏忽大意我痛失了一道大题的分数，我知道，一切都完了。那天上午天空万里无云，阳光明媚，我最后一个走出考场，根本不敢去正视父母头上的白发、老师期待的目光。我哭了，高中第一次为学习的痛哭竟然是在高考的考场。天空中，阳光灿烂；大地上，垂柳依依。可这么美好的、充满希望的夏日却摧肝断肠，这就是诗人的"以乐写哀"吗？

带着一份分数低得难以置信的试卷，我一天前还十分清晰的北大梦破灭了。无奈、失落、悲伤、叹息交织在一起，包围了我的心，让我彻夜难眠。

在填报志愿时，我倔强地只填报了北大一个志愿，没有退而求其次地选择其他的高校，也没有用第二志愿来"兜底"。夸父追求光明可以奔跑直到力竭，飞蛾渴望温暖不惜葬身烈焰。尽管今年我和那"湖光塔影"无缘，那我们就相约明年再见！

于是我选择了复读，去重新追逐那个美好的梦想。

三、夜航

舒婷写道：

雾打湿了我的双翼/可风却不容我再迟疑/岸呵，心爱的岸/昨天刚刚和你告别/今天你又在这里/明天我们将在另一个纬度相遇/是一场风暴，一盏灯/把我们联系在一起/是另一场风暴，另一盏灯/使我们再分东西/不怕天涯海角/岂在朝朝夕夕/你在我的航程上/我在你的视线里。

在我感到无助的复读初期，它给了我动力。或许我就是那只双桅船，在一场风暴中伤痕累累，却又因为对彼岸的爱，再次执著地启程，去迎接风吹雨打、潮起潮落。我的生命之舟驶入夜色，黯淡了昨日的荣耀和繁华，告别了过去的悲伤和泪水，只听见双桨划水的声音。看着朋友们拿着通知书奔赴祖国各地，我却异常平静。我知道，无论前面是风雨泥泞还是一马平川，我的足迹都会向梦想延伸，永不停息。北大就在前方等我，尽管我刚和她擦肩而过。我要像填海的精卫一样，九死未悔、百折不挠！

新的集体很温暖，大家迅速接纳了我，让我并不感到孤单。但在一个个寂寞的夜晚，我仍禁不住去梳理旧日的记忆。或许是失败后的人更容易冷静思考，更容易客观地审视自我，我挖掘出身上残存的虚荣和矫饰，将它们一扫而空。平平淡淡才是生活的本真，淡泊自如的心灵才能绽放出最美的花朵。我想起了董宏道的《夜航船》：对于习惯静夜工作的人，"夜航船"是一种美丽的象征。我们在夜色中执著地航行着，写诗的笔、在音乐中起伏的指挥棒、对烈焰挥舞的钢钎，甚至清洁工的扫帚，都会使人们想起桨，那划动时光之浪的桨。我们就这样不停地到达，也不停地出发，夜航在生命的河流上。于是这夜就充满了创造，充满了活力，充满了遐思和梦想，使每一个看见夜航船灯火的人，都不再寂寞，不再孤独，都想追着灯火而去，去渐渐明亮起来的地方……复读就是一次夜航，舟行海上，四周一片漆黑，一片寂静，只有远方那灯塔的光指引着我前行，耳畔没有岸上的喧闹，只有桨声欸乃，涛声阵阵。但这历程却是又一次心灵的提升，品格的历练。是啊，只有登上泰山顶峰才能有"苍山负雪，明烛天南"的震撼心魄的感受，只有拼搏了才配说"青春无悔，生命无悔"！

横幅贴出来了，"十年铸剑，只为炉火纯青；一朝出鞘，会当倚天长鸣"。为了采撷最美的花朵，我寻觅无边的草原；为了观赏最美的风景，我踏过万水千山；为了心中对北大的挚爱，我微笑着走过最深的夜色。复读是艰苦的，但我也在对知识的深刻体会中发现了无限乐趣，它就如一杯香浓的咖啡，细细品味，便觉满口余香。

我属于极少数申请不上"三晚"的同学。新的学校远离喧嚣，没有市中心灯火的干扰。于是，每天夜里，我得以仰望星空。夏天的星空烟波浩渺，群星竞现；冬天的星空有些寂寞，只有几个大星座清晰可见。从"仰头看明月，寄情千里光"到"峨眉山月半轮秋，影入平羌江水流"，从"星汉灿烂，若出其里"到"但愿人长久，千里共婵娟"，千百年来，这里演绎了多少浸满血泪的征讨，多少无可奈何的惆怅，多少真情致意的独白，多少金戈铁马的豪壮。和一部卷帙浩繁的历史相比，我的失落又何足挂齿，即使失败了又怎样，我的奋斗也一样值得珍惜！在这属于我自己的几分钟里，我常常思接千载情游万仞，然后以更坚定的步伐带着更澄净的心，向远方坚定地前行。

2009 年的 1 月，春回大地，我来到燕园参加北大自主招生的面试。漫步于中国最高学府，每一座古色古香的建筑都诉说着一段历史，每一块斑驳的石板都铭刻着一段记忆，她百年的积淀是一本我一生都读不完的书……昨天、今天、明天交织在我眼前，我感慨万千。北大，我们相约金秋见！

高四的最后阶段复习已接近白热化，但那"一塔湖图"的剪影仍能让我心绪澄净坦然，全力以赴。为了心中的北大梦想，我尽力了，拼搏了。即使铩羽而归，仍然无怨无悔；即使战死沙场，依旧心向燕园！

在 6 月 6 日晚，我平静而满足地收起书本，留下一首诗：

> 十三年的寒窗秉烛，
> 将在明天绽开胜利的花朵。
> 未来近了，近了！
> 我如何才能胜利地欢歌？
> 是关注当下，
> 亦是凝望远方。
> 用汗水浇灌硕果，
> 用青春铸就辉煌，
> 向自己证明，梦的力量……

我睡了，带着坚定的信心、无限的希望，去接受明天祖国的检阅。我站在希望的田野里，守望那丰收的果实被秋风染黄……

四、彼岸黎明

整整两天的高考，我静如止水，波澜不惊。估分，填报志愿，等待分数和录取结果，我重复着去年的步骤，但这一次是信心满怀，胜券在握。我知道，生命之舟已经驶出了无边的夜色，东方灿烂的曙光已染红了浩瀚的大海，彼岸在远方历历在目，一轮朝阳正冉冉上升。我捧着通知书，泪水模糊了我的双眼……为了这黎明的到来，我已经守候了整整一夜——直到耳畔响起胜利的钟声。新的历程开始了！我知道，我抵港的时间在今天，我起航的时间也在今天……

夜空依旧静谧，但我心中的大海却波涛汹涌。我知道，还有更广阔的海面等待我去扬帆，还有新的彼岸要我去为之起航，因为，我是一只向往彼岸的征帆，未来在我心中……

个人格言：心若在，梦就在。

学习感悟：非淡泊无以明志，非宁静无以致远。

个人寄语：即使再小的帆也能远航。

| 姓　　名：李明曦
| 录取院系：经济学院
| 毕业中学：安徽省马鞍山市第二中学
| 获奖情况：第 10 届"语文报杯"全国中学生作文大赛省级一等奖

Journey

　　妈妈上一个单位的同事发来短信说："祝贺明子实现了童年的梦想，我们都为她高兴！"短短二十字，像一股清泉，辗转流过十年的光阴，又在刹那间，浸润了我的心。

　　原来，竟还有人记得，竟还有人将今日光鲜的"北大人"与昔时一身尘土满手泥灰的"疯小孩"联系在一起。

　　原来，我曾那样不知天高地厚，曾那样不负责任地报上你的名字，报上我此时都不敢大声说出的两个字。

　　我不好意思告诉那位阿姨，当初扬言要上北大，仅仅因为你们都说那是全中国最好的大学而已！

　　幼稚浅薄的梦想始终经不起时间的考验，北大对我而言太过于遥远过于迷蒙，让我觉得高不可攀。于是，儿时的豪言壮语沉淀为童言无忌，宏伟得连自己都不敢当真。疯狂地玩过了小学六年，浑噩地混过了初中三年，我只会在某几个时刻触景伤情，回首吊唁已逝的时光，后悔青春虚度之余，也越加笃信自己和北大无缘，悲伤直至麻木。

　　高一的一次午休，被新班主任询问想考哪所大学，我迷茫沉默，不知如何作答。年轻的班主任眼里闪着狡黠的光："是不是'B'打头的？"我先是惊诧后是黯然，嗫嚅着说之前没有好好努力，现在已不敢想了。"加油！"班主任如是说，"什么时候都来得及……"

一句话点亮了我所有的希望。我开始悄悄搜集关于北大的故事，开始坦然面对光荣榜上"北京大学"下的一连串名单；我开始鼓励自己适应紧张清苦的学习生活，开始倔强地完成一项又一项"不可能的任务"。那些日子里，我真正明白了什么叫"心静如水"，闭上眼睛，灵台一片清明澄澈，如同未名湖水波不惊。

我知道，曾经封冻的梦想已然破冰而出，安静地等待在教室里，我甚至听见它拔节的声音。彼时窗外绿色满眼，天很高很远也很辽阔，心很清很静也很简单。

博雅塔的光晕投在未名湖心，恰似风过而掀起的记忆，一层一层，都是你的身影。

It's a long, long journey, till I know where I'm supposed to be.

高一下学期，我用苦学不辍的努力换来了年级最靠前的位置。但分班时，我却做出了一个震惊所有人的决定——挥手告别那群最优秀的战友，独自毅然地去了文科班。我的理由简单却不敢说出口：我想以一个文科生的身份进入北大，带着满身的书卷气，带着通览天下大势的眼光，带着与她相契的灵性，去拥抱我的未名博雅。

初秋的江南偶有小雨，不爱打伞的我时常一手抱书、一手遮住前额，疾步地走过宿舍和教学楼前的诺贝尔桥。若是不经意地听见两个同学争论理科问题，我总要慢下来出一会儿神，然后，望着脚下婉转流动的河水，告诉自己我不后悔。放弃了始终光鲜耀眼的化学生物，放弃了挣扎许久、最终奇迹般崛起的物理，我只是微微怅然，但并不后悔。只因此时此刻，我觉得离你很近。

初入文科班时的遥遥领先，使得许多老师同学将我与"北大"联系在一起。赞赏和艳羡的目光中，我开始飘飘然，好像北大真的对我许下什么约定似的。接着，自然而又老套的，我经历了高中的第一场惨败。失去了第一的光环，中断了不败的神话，我觉得头顶阴霾密布。但年级主任兼政治老师与我的一次交谈让我开始理性地思考：纠结于一次小小的挫折，这实在不是北大人的心胸啊！况且，我要的，是北大的垂青，哪里是"第一"的虚名呢！

于是，不再轻浮地将"北大"挂在嘴边，我学会了怀揣梦想跋山涉水。在曲折颠沛的道路上，我始终不敢歇息，只敢偶尔停顿一下，想你，等你，寻你。

It's a long, long journey, and I need to be closed to you.

高三上学期，我跌入三年来最大的低谷——因为数学考试的发挥失常而感到挫败，在挫败感衍生的恐惧下再次失常。数学的突然失色，使我久久停留在一个尴尬的名次。心情由低落转为焦躁，我终于意识到，一个可怕的恶性循环已死死地攫住了我。

我的心在泥泞中摸索前行。我抱怨外界的种种压力，抱怨每回考试从不缺席的坏运气。而对苦苦支撑的自己，我只有怜惜。

直到一次晚自习上，被匆匆赶来的数学老师叫出去恳谈两小时，我才明白，是急功近利的心态打乱了我素来沉着的脚步，对成功急切的渴求几乎将我的梦想压垮。"不要将结果想得太多，只需顺其自然。按部就班地学习，成功只是迟早的事。"成天跟数字打交道的老师，阐述起"量变引起质变"来，竟比我还要清楚透彻。

不敢再让功利亵渎心中的灵明，我将北大安放在最圣洁的一角。那儿有"思想自由，兼容并包"的浪漫大气，那儿有断指血书"还我青岛"的壮烈慷慨，那儿有师生一心自行复校的勇锐无畏，那儿有心系天下、高举"小平你好"的潇洒淡定……玉成于近代的烽火和热血中，北大精神蕴藏着我们民族最昂扬的灵魂。我又怎能不多一份敬畏？

第N遍复习完中国近代史，念起"红楼飞雪，一时英杰，先哲曾书写，爱国进步民主科学"，突然深刻地感受到最后八个字的重量，不禁在刹那间泪落如雨。

燕园情，千千结。问少年心事，眼底未名水，胸中黄河月。

It's a long, long journey, till I feel that I'm worth the price.

2009年冬天，在通过了北大自主招生考试的笔试关，我收拾行囊一路北上，到美丽的北国赴一场美丽的初遇。没有欣赏到北国的千里冰封、万里雪飘，却惊喜地收获了未名湖满湖的冰。江南的孩子生平头一回穿上冰刀鞋，步履蹒跚地扑向心中的圣湖。一个月后，在电脑屏幕上看到鲜红的"恭喜你"，我竟一阵恍惚。脚踝的酸痛早已消失，我只能捏着返程的机票，细想自己是否真的去过。

仿佛突然间，一根无形的丝带就系在北大与我之间，雄伟的京沪铁路那头，我看见一生的爱恋微笑颔首。

然而，高考却与我开了场不大不小的玩笑。对完正确答案的那晚，我只觉得心被掏空一块，身周也空荡荡地没有着落。父母心情沉重地安慰说："何必非北大不可呢，还有很多好学校的呀，爸爸妈妈帮你找……"默然听着那一个个从未想过会与自己发生关联的名字，我终于痛哭失声。一种被推下无底深渊的绝望让我手足无措，我甚至无法清楚地表达自己的意思，只能语无伦次地大喊："我不要！我不要……"

回首时依然心疼彼时的自己，更庆幸这个玩笑不那么过火，否则，"非她不可"的我又该何去何从呢？

在去往香格里拉的汽车上我收到被录取到北大经济学系的消息，而我当时竟出乎意料地心如止水。等车停在一片广袤的牧场上，却突然感动于头顶澄澈高远的天空在学校天台上背书时也曾见过。

It's a long, long journey, and I don't know if I can believe.

结果出来后曾整理过高中的日记，仿佛将三年的心路又重走了一遍。细数着对北大起起伏伏的爱恋，恍然发觉，北大于我，已经是一种人格化。我的诗我的泪，又何尝不是一封特别的情书呢？

2009年7月26日，蝉声充斥了空旷的校园，我终于将一份大红色的特快专递握在手中。没有即刻回家，而是爬上五楼，找到熟悉的教室熟悉的座位，拆开层层包裹，抽出薄薄的一张录取通知书来。曾经，我以为自己会对着它痛快地大哭一场，来发泄一路跋涉的艰辛、困顿和疲惫。而当它真的近在眼前，我却微笑着发现，这段追梦的旅程竟如此温馨,连曾经的泪水,都定格成独一无二的美好。
It's a long, long journey, till I find my way home to you.

个人格言:达则兼济天下,穷则独善其身。

学习感悟:天道酬勤、恒者能胜、一切皆有可能。

姓　　名：戴 革
录取院系：经济学院
毕业中学：山东省平度第一中学

有梦想的青春没有天黑

回首往事，已是昨日烟云，几多喜，几多忧，<u>丝丝</u>况味却驻留心间，似微风过后的点点涟漪。

曾记得，我被平度一中录取时他人羡慕的眼神，然而那个夏天却是苦涩的，没有欢笑，没有祝福。

在学校备战中考的日子让我们忘记了季节，而那年夏天的到来就如父亲的病讯一般那么突然。父亲瘫痪在床，那个健壮如牛的父亲，再也不能为我们遮风挡雨，再也不能让我们衣食无忧。和我的录取通知书一样耀眼的是父亲住院单上的天文数字以及父母挂在眼角的泪滴。那个夏天，我突然明白了什么是贫穷和无助，什么是责任与磨砺。

白花花的太阳尽情地释放着自己的能量，它似乎永远都不会累。我换下长裙，和弟弟扛起发烫的铁犁，一步步走向那几近荒芜的田地。将绳子套到肩上，我们开始跋涉在留有麦茬的土地。金黄的麦茬，在田里高傲地昂着头，时不时刺到我们的脚踝，似乎在嘲笑我们的没用。当我躬下腰，看绳子勒过的肩头留下一道红红的印记，太阳的一道道金鞭打在我们的背上，一滴滴汗水顺着脸颊流下，流进我们嘴里。那阳光下的经历不仅让我褪掉一层皮，也让我真正地脱胎换骨。我不再是娇气的女孩，不再是生活的玩偶。

当我带着一身黑黑的皮肤走进一中的大门，成为实验班的一员，我知道，新的挑战已经开始。当我的新同学还在因为想家而落泪时，我选择了伏案苦读。不是不想家，而是我相信我足够坚强。我明白究竟什么才是最应该做的，什么才是父母最希望看到的。老师问我们自己想去的大学，我选了三个：北大、清华、复旦。入学之时，我只是班里的第33名，旁人看来选择北大、清华、复旦对我来说无异于痴人说梦。但是我相信，我可以做到，每个人都有自己所无法估量的潜力，正如我以前不相信柔弱的自己可以下田犁地一样，只要做了，没有不可能。经过半个学期的苦读，我成了班里的第3名，全市的第5名，这个成绩让所有人刮目相看。我用自己的行动和成绩证明给了自己看，我真的可以做到。

　　进入文科班，我更感到如鱼得水，尽管在别人看来有些枯燥的课程有时也让我心烦，但我确实庆幸自己的选择，因为我有了接近北大的机会。北大，那是多少学子梦寐以求的学府，是多少大师指点江山的热土，是多少青年汲取精神养料的圣地。因为我的综合成绩在全年级排名第一，学校把参加北大自主招生的机会给了我，这样我才得以亲眼目睹北大的风采，感受北大的魅力。那是我的第一次北京之行，虽然没见到天安门、故宫，没爬过长城，可是我见到了北大、清华，这已经足够了。北大对我的影响远远超过其他名胜古迹，虽然它的风景毫不逊色，但当我走进北大，亲身体会它百余年的历史沧桑，百余年的文化脉络，所有的一切都带给我前所未有的震撼，我热切渴望可以作为一名真正的北大人，而不仅仅是一个与之只有一面之缘的匆匆过客。博雅塔前人博雅，是啊，进入北大，人便会沾染它儒雅、博学、宽容的气质，犹如脱胎换骨。久久徜徉在燕园，我心中感慨万千。然而，回到现实，我也明白，进入北大并非仅靠感慨就能做到，我会抓住一切机会，永不放弃。

　　面试是令人紧张的考验，也是宝贵的机会，北大的教授，让我知道北大的包容与博学，一起来参加面试的同学，让我知道自己的无知与肤浅。尽管我不能出口成章，但我尽力去应对，尽管我见识浅薄，但我坦然承认。无需伪装，北大不相信虚伪。面试完毕，心中总有淡淡的感伤，为了自己并不出色的表现，但是尽力了，却也无愧。结果竟是出乎意料的惊喜，我得到了北大 20 分的加分，心中的惊讶、兴奋、憧憬、感激……种种心情，溢于言表。北大，第一次离我那么近，在梦里我都会看到美丽的未名湖和博雅塔。

　　高考的硝烟渐渐消散，当北大的录取通知书如期而至，我的心中百味杂陈。我成为一名真正的北大人，这让我自豪和欣慰。我又一次站在新的起点，所有的神圣幻化为动力，指引我踏上新的征程。相信我会在这片圣土迎接灿烂的阳光，让生命闪光。

　　个人格言：The future belongs to those who believe in the beauty of their dreams.

　　学习感悟：书山有路勤为径，学海无涯苦作舟。

　　个人寄语：天将降大任于斯人也，必先苦其心志，劳其筋骨，饿其体肤，空乏其身。所有的苦难都只是一种考验，经受住了，就会成为终身的宝贵财富。

> 姓　　名：刘禹君
> 录取院系：城市与环境学院
> 毕业中学：四川省绵阳中学，德阳中学
> 获奖情况：第4届"中国中学生正泰品学奖"优秀奖、四川省普通高中优秀学生干部、首届"未来杯"全国中学生创意设计竞赛三等奖、2007年全国高中生化学竞赛省级二等奖、首届中国四川头脑奥林匹克创新大赛三等奖、2007年全国中学生物理竞赛省三等奖

退一步的天空

2008年的夏天，是在地震的余威中思考下一步方向的夏天。

经历了一次有惊无险的灾难后，那个夏天的测试，我有些心不在焉。像是给自己的懒散找一个借口，最后两个月的复习中，我总想，活下去就好。

然后，在酷暑聒噪的蝉鸣声中，拿着那张充满不甘与悔恨的成绩单，我止步在道路的分岔口，迈向大学校门的脚停在了空中。

很不甘心，不甘心就这样止步燕园，止步在那个很早就"供奉"在心里，被称作梦想的地方。所以回头望望，就算知道即将踏上的复读之路会有多少不确定，多少艰辛，我也决定退回去，给自己一个机会，就算仍旧和燕园失之交臂，至少也不会心存遗憾。

很多人说，高考很残酷，复读之路更加艰难。的确，竞争总有胜者，也总有失意人，竞争的确是残酷的，但我们可以无畏，不过一次努力地逆流而行，不过一次抢渡的竞技。残酷，是因为它将没有准备的人毫不留情地踢下水，而努力过后的你，会看见它严峻的脸上绽放的笑容。

每一个人，为梦想都要耐得住寂寞。生活的丰富多彩，在这一年只是浅浅的浮光。每天重复同样的节奏，单调却不枯燥。用一种淡定的心态，去面对几乎只剩下看书做题的寂寞生活，你会发现，平平淡淡也是一种美。去发现每个早晨不同的云彩，去欣赏每个午后洒在枕头的阳光，去嗅那每个夜幕中悄然开放的花朵，也许，这样的生活也不算寂寞。也许，当学习只是取得功名的工具时，它是乏味而寂寞的，可是当翻动书页于你来说是与友人品茗畅谈般的自在逍遥时，十年寒窗是温暖的。以书为友，可以在寂寞中淡定从容。

梦想的旅途中，谁又会没有迷茫，没有失落呢，人生总会有低谷。我还记得第一次从塔尖突然摔落到地上的疼痛，那一次跌落，让我很久很久没有缓过神来。无法接受自己的努力尽成泡影，而接连着的测试又连连失利，一种深深的挫败感压抑着胸口，迷惘与无助将我紧紧地锁在了房里。

不经意地看见了镜中的自己，我惊讶地发现了一个疲惫得不再像我的自己。我害怕那样的我！像是迷茫过后突然醒悟般，我决定这个晚上不再强撑着复习，我要做全新的自己！冲进浴室彻底地洗净每一寸疲惫，在房间里聆听最轻快的乐曲，从衣柜里拿出最鲜艳的衣服，然后早早地入睡，只为做一个美丽的梦。

这些都只是形式，但我知道，有时候人总是需要一点形式来告诉自己："我真的从里到外全都改变了！"不再去计较分数，只管每一天是否做到最好，只要努力了，我就不后悔，全力以赴，为自己喝彩。

不过这样的跌落不只一次，临近高考时，一次重要的摸底考试，我又猛地摔了一次，不过这一次，虽然摔得很痛，我却立刻站了起来，拍拍身上的尘土，然后冲自己说了句没关系。班主任老师本来担心我的心理状态，想和我谈谈心，但本该是我流着泪听他安慰的谈话，变成了我自信满满地给他分析我最近的学习状态、心理状态，存在的问题和拥有的实力。

我不求每次都是第一,但我追求每一个知识点都认真掌握,每一道题都仔细严谨。我不求将来要做政界要人、要做跨国公司的CEO,但我追求人生的每一步,我都努力走好。我不求做个圣人,但我追求做每一件事都对得起天地良心。

有人问过我,如果复读之后仍旧不是你要的结果,你后不后悔?我说,绝不后悔。

人生没有如果。或许,上天只是想给我们些考验。我不想放弃北京,不想放弃梦想,哪怕这路曲曲折折难以前行。地震也好,流感也罢,我不想妥协。说我叛逆也好,倔强也罢,我想做一个执著的小孩,任性一次。和时间的长河比起来,我该有多渺小,多渺小!原本就已渺小的生命,如果连抗争的勇气也没有,挣扎的力量也没有,那这一次小小的降生,也就没有了意义。所以我不放弃,不想放弃;不妥协,不愿妥协。就让我这小小的生命,哪怕激起一圈小小的涟漪也好。不管命运女神是否回眸,不管这不起眼的涟漪是否很快消散,我,不会后悔。

这一年,是我退后的一步,抬头望天,退一步的天空或许乌云密布,也或许万里澄澈。但所幸,我用努力,换了退一步的海阔天空。

这一路走来,从最开始的惶恐不安,到警惕焦急,然后是万水千山得来的无求。我希望,无论是现在或未来,我都可以在寂寞中微笑,在沉静中从容,可以拥有自信,可以不向命运低头。

脚踏一方坚实的大地而永不休止地走下去,同时也可以拥有一片自在天空而恣意翱翔。既然我们只看得见开始,那么,在这一路上做好自己就行,不要为结局苦苦纠缠。做真实的自己,努力的自己,潇洒的自己。

爱上这样在书页间辗转的生活,只为朝着梦想的方向。漫倚竹榻,捧着柔软温暖的纸张,任午后的阳光偶尔点化你荡着涟漪的嘴角,让平淡的生活化作眼中最灿烂的风景。

在闲庭信步般的从容中，退一步，看天空明媚，看万水千山缓缓舒展眼前。

个人格言：像一个亡命之徒般学习。

学习感悟：静心博达，志存高远。

个人寄语：不要在山脚止住脚步，看过山顶的风景后，你的决定才是永远的无悔。

姓　　名：林　希
录取院系：元培学院
毕业中学：福建省建瓯市第一中学

且思且行

　　我躺在床上，黑暗中，三年来的或喜或悲一齐涌上心头。宴席上的觥筹交错与声声祝福还萦绕在耳畔，三年朝夕相处的情愫，在一句句祝词中，化作浅浅的一杯液体，一饮而尽，淡淡的苦涩从舌尖弥漫到心头。

　　想起高三时坐在桌前，认认真真地做着题目，不厌其烦地换着笔芯，早晨六点多起床，自己就像一台机器，精准无比。那时候我总是无比羡慕那些低年级的兄弟，尽管他们很闹腾，可能打扰了我们高三的学习，可是那样的青春，也是一种幸福。我已告别了那样嬉闹的青春，开始了另一种需要承担责任的岁月，所以我不禁怀念他们那样的日子，我总是不由自主地想到当年的自己。

　　毕业的那天，我独自骑车来到郊外，扑面而来的风里夹杂着夏日乡土的气息。公路的一侧是绵绵起伏的小山包，另一侧是平坦开阔的田野。田野的尽头，一大群建筑拔地而起，那里，就是这座城市的边缘。

　　一年前的夏天，我骑车来到这里，眺望着这个自己朝夕生活的圈子。那时的我，背负着即将升入高三的巨大压力与课业负担，心中有种说不出的焦虑。我的成绩当时虽然已经前进到了年级前五，可对于高三一年，我的成绩能否继续上升，心中不免有些担忧。有人说高三是地狱，也有人说高三是成人的洗礼。我站在高三的边缘遥望高三，就如同我站在这座城市的边缘遥望这座城市，前者因陌生和未知感到紧张，后者却因烂熟和习惯反而陌生。在一年前的那个夏天，我把心中的焦虑和迷惘悄悄地藏在这里，然后转身，卸下所有的包袱，带着昂扬的斗志与满满的信心返回那座城市，走向未知的高三。

　　一年后的这个夏天，在经历过一场成人的洗礼之后，我回到这里，回来找寻我曾经埋藏在这里的情愫。在经历过高三与高考之后，当我再度审视它们时，竟发现它们是那样的幼稚与可笑。一切都只因为未知，因为未知，所以紧张，所以害怕，甚至畏缩不前；而同样有些人也因为未知，所以骄傲，所以自大，以至于碰触到冰冷的现实后无法适应其中巨大的反差。原来所有的道听途说都不一定是真正的事实，甚至远离了真正的事实，可我们却常常愿意相信它们，让它们左右我们的感觉。我忽然想起《牡丹亭》里杜丽娘的一句唱词："不到园林，怎知春色如许？"丽娘不屑于他人的刻板说教，敢于尝试、敢于探索，终于收获了一份不在梅边在柳边的美丽爱情。生活中同样也有许多未知和挑战，我们能做的，就是在做了充分准备后勇敢地迎接它们，只有身处其中，才明白个中滋味，只有经历与体验，才能收获成长。

　　夕阳西下，记忆的影子被拉得悠长。回望来时的路，无论坎坷还是平坦，都已变得模糊，模糊在记忆的影子里，成为些许点缀。风一会儿送来山上的凉气，一会儿卷起地面的热浪，就这样忽凉忽热，我仿佛一口气骑过了好几个季节，好快的节奏！我骑行在这座城市的边缘，以一种局外人的姿态回望自己日复一日在其中的生活：机械、紧张，甚至有些麻木。

　　那天回家的路上，遇上了暴雨。风暴从远方山的另一端袭来，腾起的黄烟将不远处的城市吞没，电闪雷鸣，一切似乎回到混沌之中。而即将踏上归程的我，身后是未被乌云遮蔽的天空，夕阳将一点点的余晖涂抹在天际。而前方，等待我的，是翻滚的乌云笼罩下黄烟四起的城市。我没有选择，只有去告别身后的绿水蓝天，义无反顾地骑向风暴的中心。

也许，高考就是这样一场战役，也许我们别无选择，只有去告别嬉戏的少年，走向艰辛的考场。但，我们可以选择的是我们走向这次战役的态度——是高仰头颅，斗志昂扬地搏击人生，还是随波逐流，任凭命运摆布。

高考，我成功了，为三年的高中画上了圆满的句号。很荣幸，我将进入北大这座象牙塔，继续我的求学生涯。我将面临更多的选择，更多的诱惑，同时我也会有更多的别无选择，而我能做的就是要高昂头颅继续奋斗。

个人格言：燃烧青春，激情似火，让梦想熠熠生辉；摒弃杂念，心如止水，用寂寞赢取成功！

学习感悟：千淘万漉虽辛苦，吹尽狂沙始到金。

个人寄语：态度决定高度。

姓　　名：朱凌雪
录取院系：元培学院
毕业中学：广东省华南师范大学附属中学
获奖情况：2007年广东省高中生现场作文比赛三等奖、第25届全国中学生物理竞赛（广东赛区）二等奖、2008年全国高中数学联赛国家三等奖、2008年全国高中数学联赛省三等奖

干杯，青春

三年前，我选择了华南师范大学附属中学，离开了养育我十五年的城市，来到广州。

开学典礼上，我坐在一片身穿蓝白相间校服的同学中间，身边是沉默而陌生的同学，父母却在200公里以外的故土。校长对我们说："既然选择，就只顾风雨兼程。"

我看着身边一张张稚气未脱的面孔，每一张都写满了激动和期待。我想象着今后的三年里所要面对的一切：压力、竞争、孤独、奋斗，那一刻，我热泪盈眶。

我总相信，我最灿烂的青春，便是从那一天开始，那是关于责任、狂热和坚持的三年。

一

名字和面孔也许会在记忆中淡去，但感觉却是可以被铭记的。

从我们被选为国旗班的那一天起，56个人，就为了同一件东西，狂热了一整年。

每天早晨6：50我们便冲出教室，戴上手套，扛上国旗。我们走下楼梯，走进操场，走过肃立的同学身旁，走上升旗台，"国旗到，请肃立"的声音一路响着。上台。转身。接旗。7点钟，三声哨音准时响起。"啪"的一声轻响，是国旗在我眼前展开。

　　每天如此，风雨无阻。

　　我无法向你描述当我站在高高的升旗台上，台下所有的人肃立着看我们升旗时，心里的庄严和神圣。我亦无法告诉你当我每天晚自习时，从书本里抬起头来，看到倚在墙角的国旗箱时感到的那份安宁。

　　在宿舍一遍又一遍用被单练甩旗的男生，在楼道里上上下下培养默契的我们，每天早上总是在清冷的操场看我们升旗的组长，那本有着不同字迹的国旗日记，还有交接仪式上我们的泪水，仔仔细细记下的，是我们的热忱。我们甚至习惯了看见国旗就起立，习惯了上楼梯时先抬左脚。

　　后来我明白，那种虔诚，叫责任；那份狂热，叫少年。

二

　　我的高三，能和你们并肩作战，是一种幸福。

　　每天无论我什么时候走进课室，都可以看到你们奋斗的身影。无论我什么时候有了问题，都可以敲敲前面那位的后背，于是他就转过身来，陪我一起苦思冥想。当我考试考得出奇好的时候，会有人拍拍我的头，说我又走狗屎运了。当我抱着被子低沉的时候，也会有人陪我坐在床上，什么也不说。

　　高三一年里我从刚开始的兴奋与狂热，立下雄心壮志要拼搏一年，到后来成绩在反复的起起落落中变得彷徨疲惫。我看过自己的名字在龙虎榜的顶端，也看过成绩条上两位数的排名。我为了参加大学的自主招生补习化学，却又总是患得患失不知是否值得。每天中午我趴在床上背单词，却看着英语成绩晃啊晃的就是不往上走。每天背成语背拼音，却还是在做题的时候永远剩下两个答案不知道怎么选。

倒计时牌的数字一天一天地减少，我不断地告诉自己要忍耐，要用一年的时光去换一个遥远的梦想。

有人对我说，青春，有了这一年的拼搏才完整，无论结局如何。

终于，1月份，我顺利地通过了北大自主招生的笔试，接到了面试的通知。从北京回来的时候，我的心情莫名其妙地变得很平静。此后几次的模拟考试，我都能安之若素。我终于学会了怎样在跌倒时爬起，怎样在众人前微笑，怎样在失败时昂首挺胸，又怎样在胜利时学着谦卑。

我用了一年，了解什么是坚持，什么是淡定。

三

2009年6月4日，625个即将奔赴考场的高三学子在考前动员大会上宣誓。我举着右手，清楚地感觉到自己的心在急促地跳动，豪情万丈的誓言淹没在所有人的声音里，回荡在礼堂上方，胸中热血沸腾。

6月7日早晨，小X对我说："不要怕，没有什么好怕的。"说完，他举起手，我们击掌互道加油，我们都可以感受到彼此贮藏了一年的力量。

我没有害怕，真的，一点也没有。当我走过状元桥的时候，"华附加油"的声音依然响彻校园。所有人的眼睛明亮，脸上是兴奋和自信。而我的心里，还留着朋友和老师们的鼓励和祝福。

宁愿笑着流泪，也不要哭着说后悔。这是华附教给我们的，亦是我一直恪守的信条。所谓结局，只是水到渠成而已。

当高考最后一科收卷的铃声响起时，尖叫声四起，我们欢呼着终于结束的一年，欢呼着终于到来的自由。我收拾好东西，穿过长长的楼道，穿过熟悉的校园，穿过这个阳光明媚、蝉声聒噪的夏天，心里的一角，空了。

我摸爬滚打，我哭过笑过，我起过落过，我燃烧过颓废过的三年啊，晃一晃，就过去了。

一眨眼，算不算少年？

一辈子，算不算永远？

我常常害怕我会辜负这充满激情、热血沸腾的年岁，所以我总是张开双臂去欢迎所有的磨难、所有的奋斗、所有的欢笑和泪水。我举杯，敬那些陪伴我走过这三年的人们，敬我亲爱的母校，敬我这华丽的日子里发生过的点点滴滴。

我知道，倘若没有了这些责任、狂热、坚持和别离，成长，也就无所附丽。

干杯，青春！

个人格言：淡泊以明志，宁静以致远。

学习感悟：每一次成功都不是偶然，背后是艰苦的付出。

个人寄语：宁愿笑着流泪，也不要哭着说后悔。

姓　　名：刘星辰
录取院系：历史学系
毕业中学：山东省潍坊一中
获奖情况：海峡两岸高中生辩论赛"优秀辩手"

九月断想

青春的歌者

不知是谁又抱起一把木吉他，坐在法国梧桐的繁荫下轻声弹唱："那时候天总是很蓝，日子总过得太慢。你总说毕业遥遥无期，转眼就各奔东西……"青涩的声音飘扬在风里，散发出温暖的味道。

于是我油然想起军训时星空下的草地上，元旦时挤在宿舍凉冰冰的床板上，阳光正好时坐在暖融融的学校的水泥台阶上，夏日暮光晚风里空荡的柏油马路上……我们都曾肆无忌惮地大声歌唱，如此清晰，如此悠扬，歌声里埋藏着我们的小小幸福，小小感伤，小小失落，小小彷徨。

那些残留在宿舍床板缝隙中的秘密，那些缠绕在书脚页眉间的笔记，那些隐藏在青青草地里的脚印，那些遗落在塑胶跑道上的汗滴……都还静静地守在那里，无一例外地，守候着我们关于青春日子的回忆。

席慕容曾说，青春是一本太仓促的书。初读这个句子的时候，窗外一枚秋叶翩然落下。我们的高中或者真的像这叶子一样步履匆匆，然而细细想来，脚尖也可轻盈如许。那时候在草地上抱膝而坐的我们总在憧憬希冀，觉得毕业仿佛地平线一样可望而不可即，而三年岁月便在这悠长等待中穿行飞逝。纵使这本青春之书中的笔记潦草仓促,我们却仍书生意气地写下片片华章,行行诗句。

我的青春我做主,一路走来一路歌。听,又是谁在风里唱:"从前的日子都远去,我也将有我的妻。我也会给她看相片,给她讲同桌的你……"

知无涯梦为马

博雅塔旁人博雅,未名湖畔我未名。

曾经怀揣的是怎样微小的梦想,仰望这座学术象牙塔的顶端,幻想有朝一日,能有机会进入她神圣的殿堂,找到自己的座位,轻轻张开书本,阅读学习求索。由幻想到现实,也许一切来得太过欣喜与突然,这个梦还没有完全消解,我已开始匆匆打包行囊,准备启程。

于是,这个梦想仍将以它独有的形式,存在过,存在着。

鲁迅先生曾经说过,有梦想的人是幸福的。而彼时的北大,之于我也许只算得上一个幻想,长羡而未达。而当我终于于盈盈期许中迈入燕园,实实握住那一沓似轻实重、邮封未启的函件时,我才感到"美梦成真"这句话的重量和责任。

知无涯。"路漫漫其修远兮,吾将上下而求索。"屈子一言道尽万千事,他告诫我们人生无坦途,学路有荆棘。上有古今中外名人志士的前鉴,下有社会发展时代需求的后辙,我们没有理由不学习、不进取、不像海绵吸水一样不绝地吸收蕴藏。"海纳百川,有容乃大。"我们既要做海洋,心留广域,宽襟能容;又要做川流,生无所息,心无所止,不断奔腾,汇集入海。

梦为马。当梦想照进现实,我们便有了前行的方向,斗争的利刃。纵使道路两旁蒿草遍生荒蛮杂乱,也会有野花怒放点缀一路风景。难忘班里曾经张贴的标语:"一心向着梦想前进的人,整个世界都会为他让路。"拥抱梦想的时候我们仿佛坐在车中看窗外分裂倒退的景物，有了梦想庇佑，这趟列车必将成为由荒寒之地开往春天的地铁。

当梦想从窗外经过时，我听到了前行的马蹄声。

九月

明月如镜　高悬草原　映照千年岁月
我的琴声呜咽　泪水全无
只身打马过草原

——海子《九月》

还记得七月末的那个坝上之夜，天似穹庐，笼盖四野，星斗满天，坦荡如砥。抬手，漆漆黑夜屏蔽一切光影；耸耳，除了偶尔犬吠不闻杂音；启齿，电筒光可照见白雾哈气。

瞬间错觉，觉得这就像高三时的高原期，被笼罩于黑夜寒冷中彷徨无定，可能还敏感如野兔，一声吠叫便引得半夜惊悸。那是怎样的失措无主，难以安宁！

曾以为自己是一个坚强自信的人，高三生活可以像往日一样，轻松安宁地度过。谁料接二连三的打击攻了我一个措手不及，慌乱应付中我已然招架不住显露颓势。乐天受到悲观覆压，心情如同雨色天空。那是怎样的绝望无路，天地不应！

海子"只身打马过草原"，与他相比我有良师挚友相随，开明父母相伴。他们如草原黑夜中的明月繁星，温柔照亮我的行进之路。

住宿坝上之时，我们晨起去看日出。当那一团金红跃然升起，我感受到了难以言喻的勃发与生机。金色天光，点亮四方。当终于走出高三高原期的时候，我长呼一口气，一吐胸中块垒、满腹愁绪。此时道路明亮，心情豁然，我又找回了以前的自己，扬鞭驰骋，才发现草原如此广阔美丽。

我想,这也许同样是对未来生活的隐喻。

九月是一个开始收获的季节,是一个新生走向未来的时机。有了挫折和磨砺,我确信前方的路会走得更宽更平。

毕业后,偶尔落笔,言语寥寥却回味悠长。虽是断想,于我而言,亦将成为心中永恒。

谨以此文作为对高中的缅怀,对大学的献礼。

个人格言:做一个别人无法替代的人。

——纪德

学习感悟:爱生活,爱幻想。

个人寄语:希望北大成为平台、展台、舞台,可以让自己在大学中锻炼、磨砺、成长。

姓　　名：刘菲
录取院系：经济学院
毕业中学：山东省青岛第二中学

你和我的风淡云轻

每一个婴儿从呱呱坠地起，就被父母打上了光荣与梦想的烙印。从开始说第一句话，开始认第一个字，开始唱第一首歌，也许就注定了眼前懵懂的孩子将来成为站在数万人面前慷慨激昂讲演的演说家，或是著作等身的文坛巨擘，亦或是在各大音乐排行榜上笑傲群雄的巨星。

从我踏进学堂，开始在朗朗书声中成长，"北大情结"便已植入我心。屹立在全国无数院校顶端的北京大学无疑是所有家庭的梦想。"好好学习，将来考北大"这样的话语伴随着我从 ABC 学到圆锥曲线和微积分。也许，儿时这只是一句玩笑，只是一个督促学习的手段，然而，当北京大学这个名字逐渐在脑海中清晰，这个名字，已经化身为一个理想，一片圣地。

2006 年暑假，我第一次来到北大，来到承载着沉甸甸的文化积淀的北大校园，未名湖的水也许没有大海那样波澜壮阔，博雅塔也许没有大雁塔那样驰名中外，但北大校园浓郁的学术氛围却让人震撼。那时，我只是一名来到这片圣土朝圣的游客，丝毫不敢幻想自己在有朝一日会与北大沾染上一点关系。

高中三年，是被誉为人间炼狱的三年，所有人都在为自己的梦想努力。相信，当时有不少人就是为了"北京大学"这个提起来就熠熠生辉的名字而夜以继日废寝忘食地学习的。当时，我并没有一定要考上北大的想法，只是想距离她近一点，多感受一些沉积百年的文化气息。

高一,我热衷于学校各种社团活动。午休、下午自习时间我积极游走于各个体育场馆挥洒汗水,或是在多媒体教室的银幕前看充满花样少男少女的动漫,有时在图书馆翻阅杂志小说,或是和几个志同道合的朋友聚在一起玩"杀人游戏"。同时,担任校刊《交响》的编辑,让我可以欣赏到各色流淌才华的文字;在自治会的工作,让我认识了更多的好朋友。

一颗充满热情的心,一颗风淡云轻的心,一个嬉笑于校园的人。生命没有太多的负担,没有太多的阴霾,也没有太多的奢望。生活平凡而充满活力,每一天都洒满阳光。此时,我和北大没有约定,我依旧只是一名到过北大的朝圣者。

高二,我开始爱上推理小说,开始爱上逻辑、哲学。我开始向往一个可以提供一流学术环境的高等学府。于是,北大的记忆又在我的脑海中慢慢清晰,泛着波光的未名湖水依然那样纯清自然。

高三,我依然对大学没有太多的奢求,只希望找一个平静的美丽土地去耕种一颗梦想的种子,然后,慢慢等待开花结果。生活依然在有条不紊的进行,此时,我却成了图书馆书库的常客,古人"搜尽奇峰打草稿",我是"翻遍书架找推理"。在泛黄的书页中,我看到了推理文化在亚洲的萌芽、发展和辉煌。这一年,理想并没有因为逐渐逼近的高考而清晰多少。我并不期待有一个安逸的象牙塔,只是希望有一片可以自由发展的天空让我自由翱翔。

握着复旦大学自主招生的筹码,我平静地进入考场。窗外是熟悉的天空,熟悉的阳光,熟悉的鸡鸣狗吠,熟悉的树影斑驳。那几天,晴朗时风淡云轻,偶尔细雨飘落。

我不知道这到底是一种反常的冷静,还是一种习惯性的平静。直到收到北大的录取通知书,我才依稀意识到,我和圣地真正有了一次约定。

对于北大,我依然是个渺小的朝圣者,依然带着平凡的小小的梦想,去那片圣洁的土地耕种。

和从小立志考北大的人不同,我没有太多的奢求,也没有太远大的目标。北大只是个不近不远的梦想,努努力也许可以够得着,但我还是习惯平静地与之保持朝圣者般的"暧昧距离"。

如今,在燕园的岁月即将拉开帷幕,我平静地等待,守着我的那份从容淡定,用我的风淡云轻,轻轻拥抱生命中的光荣与梦想。

个人格言:走自己的路,别人说不说都无所谓。

> 姓　　名：张理升
> 录取院系：化学与分子工程学院
> 毕业中学：甘肃省西北师范大学附属中学
> 获奖情况：2008 年第 25 届全国中学生物理竞赛（省级赛区）一等奖、2008 年第 22 届全国高中学生化学竞赛（省级赛区）一等奖、2008 年全国高中数学联赛（甘肃赛区）一等奖

感动·感悟

悬在树梢的落日悄然飘落在远处的山脊，列车缓缓前行，起伏而翻飞的雪花，斑驳细碎却华丽的夜色，在身边匆匆滑过。这是 2007 年元月，那时的我正坐在从兰州出发的火车上，第一次去千里之外的北京参加竞赛培训。也许从一开始选择竞赛，我的心中便一直在思索它对我的意义，在潜意识中我始终在告诫自己不要单纯投入精力到单独一门，我在尝试将所有的课程不分科目都看做一种对理性的思维方式的崇尚。此后的假期，在这熟悉的路线上，列车一次又一次穿越黄昏，绵延的铁轨的浓重背影里铺砌着我的沉思，一次又一次我路过相同的地方，而内心一次比一次更加平静更加清澈。我想，竞赛留给人们的印象往往更多的是激烈的竞争，但它依旧是我们一生之中对学术与理性追寻道路中的一部分，既然我们的心怀着对学术的尊崇和对自然的敬畏，我便一直努力时刻以一颗宁静祥和的心来面对这贯穿我们一生的对真理的追寻。

之后的时光里，我都以这种宁静澄澈的态度面对所有的竞赛与考试，没有了一般意义上的争强好胜，取而代之的是静心去观察思维的美。在对思维与理性之美不断思索的过程中，采集细小的思维

瞬间或是好的思维方法都成了自己在学习中的最主要部分。

  2008年的元月,兰州下了好几场雪,每天放学后我都会去自习室继续学习与竞赛有关的知识,每天我会为自己打开西面的那扇窗,让冬日黄昏橘色的阳光清澈地散落桌前,朦胧的光影为身边的所有轻轻涂上一层细碎的薄雾,树枝和人的剪影透过弯曲长廊回转。此时校园已人影稀疏,路灯开始亮了,灯光下是飘舞的细柔雪花。自习室里的人已经越来越少,往往只剩下我们一起学竞赛的几个伙伴,我们共同在落日的最后一缕最美的光晕中,用一颗颗年轻而充满希望与幻想的心体味着这种难以形容的美好宁静。

  "天空下过一场永不融化的雪,纤细柔滑地铺满世界,从这天开始雪洗去所有尘土,圣洁的白色永不褪去。人们在树上挂上玩具,墙角堆满书卷,水果与面包放在路边,洁白的火焰照在白而华美的长袍,人们的歌声从宁静中燃起,轻轻将一种力量撒满人间,即使这种力量从未来过人间。"无论是在上学还是放学的路上,寂静清澄的夜色都占满天空,到处铺着厚厚的雪,我便会联想起这个遥远的童话。白色的世界向远处延展,冷风拂过,更让天生喜欢雪的我想起从小就令我着迷的冬日未名湖的美。也许正是从这时起我的内心从真正意义上开始为自己的未来而梦想,用努力与勤劳去追求心中的那份永恒美丽。

  作客于精致的江南,离竞赛剩下一个月时间,我和伙伴们到杭州参加最后一次赛前培训。这里时而阳光毒辣,空气湿甜而翻滚,时而细雨不断,冷暗处雾色迷离。雾是自然的杰作,徘徊在黑暗与明亮之间,淡化着凝固的忧伤与细碎的留恋,让一切心灵深处的回忆都悄然淌出心扉,融化在雾的温暖与静谧中。而在这萧条雾景中,我没有抬眼去寻求远方的光明,而是始终坚持着心中的那一份诚恳与执著,梦想也许不是源于探寻的,而是心中那份最初的最朴实的向往,最简单最持久的默契,寻觅不到却依然心甘情愿,而这便是我对北大发自内心的期盼。

  驻足在西湖岸边，从不同角度拍摄着杨柳，联想着北大带给自己的那份特殊而别样的美感，也许并不是她的高远深厚，难于言表，是一种遥远的契合。我的身体里流淌着我的民族的血液，蕴含着古老文明的力量，也许对于现在的世界，人们会把对于文明的希望寄托于大学，在潜意识中铭记着她的神圣，而我想北大正是扮演着这样的重要角色。过去的我与现在的我都在追寻着这种文明的力量，追寻一个文明背后的真正意义上的精神本质的高尚，这种高尚是超越于一切时空而纯粹存在的，也是真正与自然宇宙融为一体的。正是这种深沉思索，加深着我对于北大的向往、崇敬与感情。

  毕业后的一天，我踏进昔日的校园，此时的校园没有了往日的热闹，楼宇空寂而单薄。迈步走上楼梯，灯光之下我的影子拂过一个个充满记忆影子的角落。"月下憔悴画中人，堆砌雪天冷晴别去时。"又是同一抹落日余晖飘舞，我的影子被这柔和的光拉得很长很长，弯曲缠绕。模糊之中浮现在眼前的是与伙伴们朝夕相伴一千多个日夜里无数的美丽画面，是缕缕细微拂过心间的真挚感动所遗留的细腻刻痕，是老师无时无刻不震撼我们年轻心灵的深情注视，更是父母一千多个日夜细化至生活中每个细节的平淡而厚重的爱与关怀。

  如今我打点行装，即将踏上曾令我心驰神往的北大之旅，也许此时的我还未曾为自己确立什么实际的目标，从小到大身边的人给了我太多的帮助与爱，而现在长大了的我依旧会以一颗宁静的心真诚融入北大的学习生活，梦想着有一天自己能有足够的力量将那些帮助过我的人所给予我的爱回馈于社会，回馈于更多需要关爱的人。

个人格言：我爱秩序、清澄与均衡。

学习感悟：以一颗虔敬之心面对学习，以一颗严肃之心面对自己，以一颗深刻之心面对世界。

个人寄语：我们每个人从小时候起内心便有了一份对世界的美好的期盼与祝福，如果每一个这样可爱的心愿背后，都有一份对世界的责任，那便一定会被纯粹而真诚地完成。

姓　　名：郭倩凝
录取院系：光华管理学院
毕业中学：北京市北京大学附属中学
获奖情况：第9届全国"春蕾杯"青少年征文大赛三等奖、北京市第21届中学生英语竞赛二等奖

追梦的轨迹

对于接到北大录取通知书那一刻的场景，我曾经预想了无数次。我会是怎样的心情？会有什么样的举动？这些都曾经在我的心中设想过种种可能。

也许，对于北大来说，我只是又一个前来追梦的旅人；但是，北大于我，却是我心灵的天涯海角，永远的归属。

在高中期间，每日上学、放学途经北大时，我都会长时间地凝望她的倩影。那秀雅的博雅塔，那融合了现代与古典的教学楼，那诠释了激情与活力的奥运乒乓球馆，一起映在我的心底，构成了我心中最美的风景。有的时候，仅仅是在心中默念北大的名字，我都会激动万分。

但当北大的录取通知书真的被送到我的手中时，我并没有预想中的欣喜若狂，而是一种实现诺言的踏实与平静。现如今，我站在高考这座被千军万马挤过、踏过的独木桥的彼岸，回忆我刚刚走过的高三旅途。每一天，教室、办公室、食堂、家的轨迹，简单但不单调；每日下午课后的考试，频繁但不厌倦；日积月累下的厚厚的笔记、试卷和练习册，忙碌但不疲惫；数字越来越小的倒计时牌，紧张但不慌乱。因为在这一年之中，我始终心怀北大梦想；因为在这一年之中，我准备好了平和的心态、坚定的自信、适当的目标和

周密可行的计划；因为在这一年之中，在我身边，有父母给予我最贴心的关怀，有老师传授我最科学的方法，有朋友陪伴我经历种种考验。我曾经走过弯路、也跌倒过，但我并不畏惧，从失败处总结经验教训并且不断向前，更多地体味到了收获的快乐。在这里，我想与同在北大追梦之路上的伙伴们分享我这一年追梦的轨迹。

走进高三，要从心理上确定，自己已是一个高三人，也要从各个方面准备好迎接这一年的所有挑战。

以坚定的自信攻坚克难

自信首先是建立在实力的基础之上。经过了十几年的寒窗苦读，我们都奠定了坚实的基础。自信也要建立在科学的方法之上，每个学科都有章法可循，只要配合老师的要求、运用正确的方法、学会自己总结并且做到执著、勤奋，所有的难题都可以迎刃而解。

以适当的目标牵引方向

我在很早之前便已将考上北大树立为我的理想，并把它作为自己长期奋斗的目标。但同时我也明白，假如一味盯着北大这个梦想而不去想用什么办法让理想实现，不去脚踏实地的学习，最终理想也只能变为空想。为此，我也树立了短期的目标，并为之而努力。这样的感觉就像在攀登一座高耸入云的山峰，山顶隐没在云端，唯一清晰的便是脚下的路。所以，只要记住永远向上，步步为营，山顶便会在攀登的过程中变得越来越清晰，长远的理想才会实现。

凭周密的计划走向成功

周密的学习计划可以让人事半功倍。进入高三，我们应将月计划、周计划、日计划配合进行。每个月规划好自己所要完成的大任务，每周安排好要进行的进度，每天规定好要完成的内容，同时也要注意将计划随着进度、学校任务等的变化而及时调整。另外，个人的计划应该与学校课程表相配合，这样才会留给各科充分的时间。

　　怀揣梦想，坚定前行，凭借我们的力量，创造出属于自己的人生轨迹，不管最终结果如何，至少在这追梦的旅途中我们曾经努力拼搏过，这样，便足以使自己感动，足以给自己留下珍贵的人生财富。

个人格言：忘记背后，努力向前。

学习感悟：流泪撒种的必欢呼收割。

个人寄语：有志者，事竟成，破釜沉舟，百二秦关终属楚；苦心人，天不负，卧薪尝胆，三千越甲可吞吴。

姓　　名：冯　琳
录取院系：环境科学与工程学院
毕业中学：北京市中关村中学
获奖情况：北京市青少年科技创新大赛二等奖、北京市优秀学生干
　　　　　部、北京市高中学生化学竞赛三等奖、北京市物理竞赛
　　　　　预赛二等奖、校园气候酷派活动最佳团队奖

梦　痕
——留予他年说梦痕，一花一木耐温存

驾一只小舟，沿着记忆之河逆流回溯……

犹记筑梦时，记得当时年纪小，追风逐浪没烦恼，天空就是世界，心中白云飘。

犹记逐梦时，不懂风雨不知痛，伤痕累累闯一遭，天空就是再高，梦也飞得到。

一朝梦圆时，再回首，来时路，已迢遥，泪和笑，随风飘。

那段筑梦、逐梦的日子，有艳阳高照，亦有阴霾满天。然而，一切的一切，回想起来都是一种别样的美好。

因为，梦在燕园……

一、筑梦

素闻北大思想自由，兼容并包，学风盎然，人才荟萃，不禁心向往之。

命运的齿轮悄然旋转，似乎冥冥之中，我便与北大结下了不解之缘。

在北大幼儿园度过的三年童年时光，已然成为我内心中最美好的回忆。碧波荡漾的未名湖，静静伫立的博雅塔，卷帙浩繁的图书馆，自儿时起，北京大学，便成了我魂牵梦绕的地方。

升入中学之后，故地重游，更添感慨。北大那一份文化的底蕴，那一份历史的厚重，令我不胜向往。

在北大的天空上，有太多让我崇敬的学术大师、兴业之士和治国之才。他们共同构成了一个闪耀的星群，将中华大地映照得熠熠生辉。

我憧憬着，我努力着，梦想着也能跻身于这一片天空，成为那璀璨群星中的一颗……

二、逐梦

梦想是最崇高的信仰，它指引着我不断向前，不再彷徨。

冯虚御风

风过无痕，却让整个世界都充满她的气息。

我，一名十八岁的高中生，毕业于中学理科实验班。我活泼但不失稳重，开朗亦更添踏实。

因为梦在燕园，我努力地学习，凭借着踏实的学习态度与适合自己的学习方法，我的成绩在学校始终名列前茅。我始终认为，学习并不是单纯为了考出好成绩，在汲取知识的同时，更重要的是获得了解决问题的能力，提升自我的素质与精神内涵。

我从不为学习而学习，我认为只有兴趣才是最好的老师。正是强烈的好奇心与求知欲引领我在科学的海洋中扬帆远航。我积极参加科技创新方面的活动，如北京市青少年科技创新大赛，关注全球变暖的"气候酷派"活动。

广泛的爱好也为我的学习锦上添花。我热衷于读书，并爱好写作，多次在校报、校刊上发表文章。

逐梦的过程中，我深深体会到非淡泊无以明志，非宁静无以致远。做学问，就是要静下心来，容不得一丝浮躁。

琳琅满目

美玉无瑕，向人间绽放她绚烂的光华。

我，一名年轻的学生干部，来自学校团委、校学生会。我有一颗为他人服务，为社会奉献的心。

因为梦在燕园，我明白，书本上的知识对于一个人的成长与发展来说是远远不够的。多参与学校、社会上的公益活动才能锻炼各方面的能力。

在班级，我积极参与到班级建设中去，为班集体的发展献计献策。

在学校，我积极参加学校组织的各项活动。我随学校组团前往澳大利亚、南京等地进行社会实践，参与京港澳交流营，增长了见闻，扩充了视野。作为校学生会主席与校团委副书记，我与校团委、学生会成员共同努力，举办并协助组织了许多有影响力的活动。在任校学生会主席期间，我带领同学作为志愿者积极参与北大主办的模拟联合国活动，我们的服务得到了好评，为我校争取到了宝贵的模联参与名额。我成功组织召开了校第十三届学代会、第五次团代会，会议资料的汇编都是由我负责策划与编辑。各项活动的开展，锻炼了我组织协调能力、与人交往的能力、安排时间的能力，可谓受益匪浅。

在社会，随着2008年北京奥运会的到来，我深刻意识到作为一名新时代青年的责任与使命。我用志愿精神继续实践着自己的梦想，在奥运前后，我参与了多次志愿服务活动。炎炎夏日里，有我作为志愿者忙碌的身影；瑟瑟寒风中，有我作为志愿者灿烂的微笑。也许，参与志愿服务是辛苦的，并占用了我大量时间，但正是在服务他人的同时，也提升了自我。

　　繁忙的社会工作，的确占用了我大量学习时间，但这并未耽误我的学业，反而更加促进了我的进取心、锻炼了我各方面的能力。慢慢地，我习惯了安排好一天的日程，在学习结束后完成社会工作，辛苦是自然的，却也是快乐的。我相信，有付出，总会有回报，拼搏与奋斗永远是梦想的最好注脚。

三、圆梦

　　在逐梦之路上，炙热的汗水终将发光。

　　当拿到录取通知书的那一刻，我明白了，所有的付出都是值得的。圆梦燕园，在北京大学这一片圣地，我即将为新的梦想而踏上征程。

　　北大是一部动人的长篇故事，北大是一首写不完的长诗。北京大学是中国最优秀的大学，我相信这里将是我继续学业和发展的最好的舞台。

　　很庆幸我一生中最美丽的金色年华将在这里度过。作为一名新北大人，我会在北大这个顶尖级学府，发挥我的潜力，竭尽全力，为北大争光，不辜负北大对我的希望。

　　梦想，仍在继续……

> 姓　　名：李 多
> 录取院系：信息科学技术学院
> 毕业中学：陕西省西北工业大学附属中学

伊人在水

"蒹葭苍苍，白露为霜"，生于秦地的我默念着诗经中的秦风，眼前立刻浮现出一片苍茫的秋景。白茫茫的芦苇荡和清冷的露水从上古流溢出来，足以洗净灵魂，而后是梦中的伊人出现，在水一方，浅浅吟唱。

燕园，便是我心中那位永恒的伊人。为了实现对你的承诺，尽管面前"道阻且长"，我依然会跨过坎坷，无比坚定地向你走来……

梦想的初醒

小时候的我"少年不识愁滋味"，常常一个人面对天空发呆，或和伙伴们疯玩。父母从来不对我的学习过多要求什么，成绩平平的我对大学也没有多少设想，直到初一课本上一篇《十三岁的际遇》深深地震撼了我。田晓菲隽永的文字唤醒了一种埋藏心底的渴望，插图上美丽的湖光塔影仿佛召唤着我，于是日记本上开始留下"我要上北大"的豪情壮语，带着稚嫩的无畏。尽管还未真正了解她，听到她的名字时心却开始颤抖。

不用感叹梦想来得太突然，因为它一开始就是那么美，也不必惊奇当时的想法有多么不切实际，哪怕丑小鸭也有可能成长为白天鹅，不是吗？心中的莲花已开放，就没有什么能再羁留住我的脚步。并且，真正渴望的人会明白，梦想的力量，该有多么强大。

青春的剪彩

学习，青春最主要的课题。

翻开那一张张记录着心血的卷子，看着那一摞摞涂抹得乱七八糟的草稿纸，望着笔记本上不算工整的一行行记录，才明白用演算和思考记录的高中生涯真的已经流逝。高三时烦躁而敏感的心情使得一次小测验的失利都让我慌乱。高三下学期，学校组织了许多次数学测试，较难的试题让我慌乱不已，得不出正确答案，急得在草稿纸上乱画。每次考完试都是满面通红，好像刚参加完百米赛跑。当时，同学们曾义正词严地批判这种残酷的考验，现在想起，知识的掌握倒是次要，那种面对困难执著的精神却是更大的收获。

"千淘万漉虽辛苦，吹尽黄沙始见金。"

回忆中另一种色彩属于那些可爱的同窗们，共同拥有过的快乐、痛苦、笑声与泪水涂抹出青春最明亮的画面。他们或睿智或真诚，或沉静或开朗，都曾在沉重的压力下给予彼此温暖。"垂杨紫陌洛城东，总是当年携手处。"记得高二的某天晚上我和舍友都失眠，在凌晨两点一起起床趴在宿舍窗户边向外看，看夜幕下沉静的校园，偶尔亮起的昏黄的灯光勾勒出樱桃树的影子，感觉到吹来的清凉的空气，心就平静下来，然后相互道一声"做个好梦"，安稳地睡去；还有在期末考试后，大家一起去看电影、去唱歌、去逛街，在大雁塔的音乐喷泉里大笑着奔跑，不顾浑身已经淋湿，只为给青春留下欢乐恣意的背影；更有晚自习结束后，我们相约在操场跑步，或抱一个篮球，在温柔的月光下争着投篮，并为投进者欢呼。这样美好的岁月，被时光剪成一个又一个光彩流溢的片段，安放在我的心底，永远也不会暗淡。

凤凰鸣兮，于彼高岗

对北大，了解得越深就越是依恋。从"上承太学正统"的京师大学堂，到"五四运动"的发祥地，从西南联大的辉煌，到新时代综合实力最强的大学，她吸引我的，早已不仅仅是年少时一幅美丽的图画了。"爱国民主进步科学"，这是她的精神，"思想自由，兼容并包"，这是她的胸襟，"先天下之忧而忧"，这是她的气质。当她独特的魅力扩散到少年的骨血之中，当"一塔湖图"上升为梦想的图腾，从此便是"曾经沧海难为水，除却巫山不是云"了。

不过，第一次走入北大，却是在自主招生的面试时。笔试感觉凌乱，我已认定会失败，却听到电话里传来妈妈兴奋的声音："过了！"于是我把它认作一种缘分，我与北大的缘分。那个冬天里，典雅静谧的校园里，我用敬畏的心情瞻仰那巍巍的图书馆；未名湖厚厚的冰面上，有我摇摇晃晃学滑冰的身影。没有太多的惊奇，却有莫名的亲切，就像是贾宝玉看到林黛玉时的感受，"这个妹妹，我是见过的。"

面试时的教授同样的平易近人，完全没有我所畏惧的学者的严厉，紧张的心情也随之平静下来。后来想想，这也许才是真正的大师风范，不是让普通人敬而远之，而仿佛是一杯清茶，淡然却香醇无比。刚刚去世的季羡林、任继愈两位大师，无不是这样的人。他们取得的成就让世人惊叹，而两位学贯东西、德高望重的老人却是那样勤勉谦逊、淡泊名利。一位每天五点开始工作，"一天不写东西就有负罪感"；一位认定了古籍整理这项远离名利的苦差事，从做选题、写提纲到审读点校，无不亲力亲为；一位三辞"国学大师"、"学界泰斗"、"国宝"的桂冠；一位80岁时特地请人治了一枚印章，只六个字："不敢从心所欲"。他们都任过北大的教授，也许正是北大的土地带给了他们一生的追求，而他们的精神也让北大散发出更动人的魅力。

一日之内痛失两位大师让我们感到莫大的遗憾，但我坚信会有更多的人和我一样，愿意追寻他们的脚步，在这片神圣的土地上虔诚耕耘。

微笑着回首

2009年的夏天，口中的冰淇淋还未融化，高考已经来临了。几张卷子将带我实现梦想，去追寻依稀可见的伊人——燕园。然而，过于激动让心态焦躁起来，导致了考场上不应有的失利。伊人看已近在咫尺，却怎么也抓不住她的衣角，转眼间恍若天涯。尽管后来强烈的渴望让我在志愿书上填上了北大的名字，心里却依然忐忑不安，在等待中度过了最难熬的十几天。最后的结果虽没有想象的那般糟糕，但的确是我高三以来最低的一次成绩。

现在回想起当时的感觉仍难以释怀，高考考查的与其说是知识，倒不如说是意志和心态。苏轼的《定风波·莫听穿林打叶声》透着的是潇洒与恬静，是面对考验从容不迫的勇气。所以他尽管一贬再贬，也能赤壁泛舟，密州出猎，建苏堤于西湖，啖荔枝于岭南，揽明月于胸怀。于是开始懂得，我缺少的，怕就是这样的气度吧。

不禁有些遗憾，但又转念一想，成长，不就是不断在遗憾中感悟并趋向完善吗？

7月24号，一张薄薄的通知书宣告我梦想之门的开启。

伊人在水，愿与子携手，勇敢起航，从那融融未名水，驶向滔滔黄河浪。

个人格言：生活，就是面对现实微笑，就是越过障碍注视将来。

学习感悟：学而不思则罔，思而不学则殆。

个人寄语：幸福，不仅是做你喜欢的事，更重要的是，喜欢你不得不做的事。

姓　　名：杨思敏
录取院系：中国语言文学系
毕业中学：福建省长泰一中

邂逅北大

我无法像其他考取北大的同仁那样，豪情万丈地说自己在几年前，十几年前就埋下了北大梦，努力拼搏，几经风雨，矢志不悔，终于走到一塔湖图的北大。我与北大，更像是一场邂逅。我只是撑着油纸伞，在杏花烟雨江南的青石铺就的小巷里走着，一步一步，却蜿蜒到了北大。一抬头，有惊喜，也有一种宿命相逢的感觉。北大，这个偶尔会浮现在我脑海里的梦幻，而今如此清晰地展现在自己眼前。

家是青石小巷深，绿荫满檐烟雨连。

我的家乡是一个还未被都市高楼所盘占的山水之地，主街道一条延展开去，错落着许多房屋，多是新建的，深入其内，转入后方，便是古朴的木屋。枝丫纵横的老榕树被水雾滋润得绿极耀眼，新生的旧生的叶子色泽深浅不一，却都一一映照着屋里人。有骨骼强劲的清癯老者，屈膝弄断柴火，声音入耳，香火不旺的老庙依稀冒着青烟，偶尔传出庙祝祝祷的声音。而这一切，都被搅到蒙蒙细雨里，搅啊搅的，犹如老母亲用柴火灶黑铁锅煮出的稀饭汤，黏黏稠稠，其中白米，不甚分明。而我，就在这样宁静的小城里，缓步慢行，走过童年，步入校园。

犹忆幼时欢谑事，而今书香满袖间。

伙伴们欢笑招引的身影神色犹在眼前，恍如昨日，抬头天上的太阳也曾照见我的过往。我小时候是极顽皮的，进水稻田乃至身陷如沼泽一般的淤泥之中动弹不得；挖野果吃以致画成大花脸，被父母训斥尔嬉皮笑脸依旧。这般顽童心性，延续如常，直至父亲受伤。

不会忘记，那天下午2时左右，没有雨，而天气阴凉。脚着绿色草皮凉鞋的我，轻身跳过因修路而变得坑坑洼洼乱石纵横的上学必经之路，耳边响起伙伴好奇而又关心的声音："你爸爸脚受伤了，会这么样啊？"彼时的自己思索一阵，面无表情地回答："不知道。"太过严肃了吗？看着伙伴的错愕，补上一个鬼脸，再度向前跳跃。

"不知道？"其实是知道的。伤势过重，父亲最终落下残疾。从来恶事不单行，在父子无法进食的寂静黄昏之夜，恶铃响起，传来母亲受伤的噩耗，而我却没有哭。父亲行动不便，母亲受伤退出工厂的劳作，一颗浮跃不安分的心，找到了沉甸甸值得牵挂的分量，是时候了，我仿佛冥冥中听到命运的指引，是该懂事该努力的时候了。

身处低谷的人不会做一朝登上顶峰的梦，向上爬一步是一步，只求离开这梦魇之地。我开始安分，开始静心学习，虽仍有束缚不了的顽童天性，但我学会了，在什么时间应该做什么事。

一直向前走着，停顿退后又怎能对得起为我辛苦筑路的父母。父母对我并没有太高的期望，考个一本科就可以了，最好在省内，近，可以常回来走走。

高中三年，我的成绩波澜不惊，始终名列年级前茅。高三一年，周围的同学心中多多少少也涌起了大学梦，我却在这时茫然。老师说："你要是正常发挥，上北大应该没问题。"同学们鼓动着："报北大吧，我们好去北京找你玩。"同桌说："相信自己，你可以的。"我真的可以吗？在这个绿意弥漫的小城，在那片古朴木屋之间，在那个时不时响起祝祷声的老庙旁，我问，"老榕树，我可以吗？我也能拥有那样光芒柔和温暖人心的梦？"老榕树无语，风吹过，枝柯摇摆，一片暗黄的落叶悄然停在肩头，犹疲倦的蝴蝶，却尽职地传递了古老的智慧，回应地拂开眼前的刘海，抬头看到绿潮涌动，肯定了我的梦。去拼搏吧。

纯粹为了理想而拼搏的日子是快乐的,身体的疲惫换来的是心灵倍加、思想拓展的喜悦。很快,我坐在那个位置,用手中的笔,书写我的梦。

录取通知书到来时,我看到一扇门,通往一个光明的世界,我已用自己三年的光阴,换来梦想的实现,我要在有着百年传统和勇为天下先的气概的最高学府,筑梦。

我与你邂逅/在不经意之间/你可知我背后/付出的日与月/只有希望的那点星光/还未曾泯灭/你百年的胸怀/容许我筑造/年轻的梦

个人格言:山重水复疑无路,总有柳暗花明时。

学习感悟:有计划地划分好时间,自觉地完成每一个小任务。

个人寄语:听一听,看一看,总是别人故事;做一做,闯一闯,方有自己心得。

姓　　名：李小乖
录取院系：工学院
毕业中学：山西省长治市太行中学

又到蓦然回首时

2009年7月，我接到了那张印有我名字的北京大学录取通知书，它像一个句号结束了我的高中时代。的确，十一载的求学生活让我在不断的认知中成长，瞄准目标，匆忙赶路，我竟来不及端量自己。而今，我平静地在灯下整理自己高中生涯中积累的只言片语，小心地将这些零星的记忆串联起来，往事又历历在目——

纸条一：北大代表着新文化，革命的需要，爷爷与之擦肩而过。（爷爷的笔迹）

纸条二：北大是我永远的梦，放弃了坚持下去使我与之失之交臂。（爸爸的笔迹）

纸条三：北大是"德"、"赛"两位先生的故里，我将从那里放飞我的理想。（我的笔迹）

北大，一个承载着我们祖孙三代梦想的名字，就这样铺满了我成长的心路。

六十多年前，爷爷作为为数不多的一名师范生在随大军南下的征途中，突然接到命令，北上进京就读中国人民大学，入京几个月后，又接到命令，准备去北京大学就读干训班。爷爷说，那时他们被选中的几个战友兴奋得几天几夜睡不着觉。然而就在这时周总理接见了他们，说国家百废待举，希望大家到祖国最需要的地方去。于是，爷爷又服从组织的安排到地方就职。离京之前，爷爷专门步行三十余里参观了北大，带着无限的眷恋与北大作别。

二十多年前，曾就读于重点学校并被老师们誉为"北大清华生"的爸爸，因几次考试的失败而放弃了自己当初对北大的追求。几十年后爸爸每每忆起，总会说："假如我坚持到底……"

十年前，当爷爷和爸爸的故事播种在我幼小的心田里，北大就像一颗生命力极强的种子，在我心灵的最深处生根发芽。

哦，北大，我的梦！

纸条四：心灵需要阴雨天。（我的心语）

晴朗的心情固然很让人享受，但偶有阴雨也不一定就是坏事，成长的道路上每个人都会遇到各种各样或开心或烦恼的事情，但倘若遇到下雨天，我们一定要学会为自己的心灵撑伞。记得2009年元月，我就经历了一次重大挫折——北大保送生考试落榜。以自己平时的成绩和省优的资格，我很顺利地通过了北大的资格审查，本以为离北大只有一步之遥的我，在参加完自主招生考试后失落了。一种可怕的彷徨萦绕在我的心头，心情好似遭遇连雨天，连学校组织的模考，也出现了波折。这时，我想起了我无数次提醒过自己的：坚定、坚忍、坚强。我发现一味的失望、抱怨和自暴自弃是懦弱的，唯有冷静下来认真总结分析才是真正的出路。我更应关注过程，从某种程度上讲结果只是过程的证明，我应做的是坚定信念，从一点一滴的细节上开始不断努力。而事实证明，每失败一次，我就向优秀又靠近了一步。所有的经历本身就是一种教育，而挫折经历则是更好的教育。成长的过程既得享受阳光的照耀，也得经受阴雨的洗礼，而每一次的阴雨都是一次心灵深处的洗涤——只有经历地狱的磨炼，才能拥有创造天堂的力量；只有流过血的手指，才能弹出世间的绝唱。

纸条五：回首向来萧瑟处，归去，也无风雨也无晴。（我的摘录）

人生是一部厚重的书，而我只翻开了书的扉页。

无论在何时何地何种情况下，我都清楚地意识到：我的思想和学识都还很浅薄幼稚。

2009年夏天,我拿到了中国极优秀的高等学府——北京大学的录取通知书。很快便有人问我:"考上北大有什么感想?"思考了很久,我才渐渐发现,其实我的内心深处没有太多的感想。记得几年前看到电视上播放科学家袁隆平的表彰会,当时我曾思考过当表彰会结束后,袁爷爷会如何热闹地庆祝,但后来却渐渐意识到,那天袁爷爷可能只是回家安心地睡了个好觉,第二天也许就又工作在了实验室里。袁爷爷我自是不敢比拟,只是忽地觉得自己像个耕田的老农,经历了一年的春种秋收,而今年的丰收与歉收都已经是过去时,收了秋便又要开始新一轮的耕种,高考即是这一季的秋收。

能走进北大,自然是我的荣幸,而我也相信只要努力人人都可以成功。我明白这是一个崭新的开始,过去的成败经历让我达观平静,经历已成为过去,走过了便变得坦然。如今我面对的是全新的起点和挑战,过去的所有经历都将成为我人生的宝贵财富。从今天起,从零开始,戒骄戒躁,努力拼搏,让燕园深厚的文化底蕴滋养我、哺育我,让我如一个初生的婴儿般尽情地汲取养分,带着经历给予我的财富,让我在新的航道上扬帆起航。

轻轻打开记忆的闸门,往事便如涓涓溪流般再次从眼前淌过。细品一下回忆的甘露,我得到的是无限的滋养。对于过去我心中可能还酝酿着千言万语,但我缓缓收住,因为很快我就要踏上一段更具挑战的征程。过去就好似一面镜子,照出了自己的长处和短处,我要做的便是在今后的人生旅途中扬长避短,以更饱满的热情去继续奋斗。

北大给了我一片沃土,我似一颗种子要吸足养分尽情成长。

北大给了我一方蓝天,我似一只雏鹰要整理羽毛振翅翱翔。

北大给了我一个支点,我明白自己应更加努力,去创造辉煌。

怀揣着梦想,我望望前方漫长的路,收拾好行囊。

永远,我在路上。

学习感悟：The secret of success is constancy to purpose.

> 姓　　名：李昶
> 录取院系：光华管理学院
> 毕业中学：河南省开封高级中学
> 获奖情况：河南省2009年高考文科总分第一名、河南省三好学生、开封市优秀学生干部

青春与北大的交响

负手立在夏日的风里，静静地欣赏眼前的风景，闲逸的心湖里不起一丝波澜，感喟之余，竟也无端兴起时不再来的寂寥。有时也会沉浸在月光下，独自漫步于青石板上，叹天色萧朗，星海如潮，产生探寻天人大道上下求索的冲动。十八年的安静与躁动，清隽与沉郁，都汇成了对青春的慨然决绝和对燕园的执著眷恋。

青衫磊落险峰行

"一振高名满帝都，归来还弄峨眉月。"

吟着太白的诗篇，我开始了高中三年的旅途。当时蓄满狂狷之气，自信能令寰宇大定、海内清一，然后倚剑天外、挂弓扶桑，效"大人先生"与天地万物同游。但单纯的理想在残酷的现实面前显得不堪一击，事实也证明并非我出类拔萃，周围强手如林，优秀的同窗曾经让我一度迷失了方向。

明月如霜，好风如水，一室琴声，寂寞无人。

我开始了内心的皈依，不再因别人的表扬而沾沾自喜，不再因无人关注而心生懊恼。青衫磊落之间，笔走龙蛇，一任天然。和朋友一起驱散九门功课的阴霾，一起适应全新的环境。那时迷恋上了

临帖练字，虽然是硬笔，但王右军、米芾、董其昌的笔意却深深渐染了我的心灵。记得当时和同桌一起为《兰亭》而痴迷癫狂，一起为《蜀素》而追抚慨叹，心中仿佛回到了昔日的书院，听琴声悠悠，观墨色晕染……

人生有味是清欢

经过了高一学习生活的平淡，经过了高二文理分科抉择的艰难，高三，在不经意间轰然而至。起初，并未有太多的梦想与渴求，上什么大学和学什么专业尚且停留在书本上和家长老师的唠叨中。直到一个中午，母亲告诉我北大自主招生初审已过，可以参加笔试时，我才明白，"太学"的遗风已经扑面而来。

我很顺利地通过了笔试，这也是在自己意料之中的。心若止水的状态依旧，只是不经意间被烙上了北大的烙印，那已不是一所大学，而是一所精神的圣殿。

一月，冷风刺骨，我踏上了北上的列车。放眼偌大的北京城，我的心中蓦地生出一种寂寞和渺小。浓浓的云层扑面而来，琉璃瓦反射出刺目的光辉，这一切都让我这个燕园的初诣者心惊不已。但自从穿过如潮的人流步入北大东门时起，我的心潮竟又奇迹般地恢复了平静。来去匆匆的学子带来的不仅仅是气度上的雍容不迫，更多的是那曾经不敢相信、难以言表的梦想。

比起未名湖的博大沉稳，那一场自招的面试就显得微不足道了，但却让我明白了"未名湖畔好读书"的真实含义。

卷蕴丹霞，浣尽愁思尘虑。

离开北京的那个冬日，自己仿佛更加成熟、更加从容。在未名湖水的空灵中，洗涤生命难以言说的怅惘，使我明确了方向，坚定了信心。苏子曾言："人生有味是清欢。"阅尽了百般容颜，读尽了千番惆怅，却依旧"天寒翠袖薄，日暮倚修竹"。

再见了，北大，我们一定会相约金秋。

夜吟应觉月光寒

回到家，自然而然地又投入到近乎疯狂的复习之中。百日大战的辛苦，至今仍历历在目。虽然有过难以忍耐的创痛，有过无法言表的疑惑，虽然每一次的模考，在周围都可以引发无尽的悲悲喜喜，但我，却只是在一刹那的恍惚后稳住心神，告诉自己，这不是最后的结局，同样，也不意味着最后的成功。

反者，道之动也。

想起初中看过的武侠小说，想起那把绝世神兵井中月，想起它的主人寇仲。那一片刀光，划出一圈圈瑰丽的痕迹，但你却无法了解刀的变化，因为井中月永远没有定法：无方，也无圆。

在今后很长的一段日子里，我始终都能以一种平和淡定的心态，拼过黑色的浓雾，随遇而安，永不强求。也许这些心情上的阴晴变幻对于我来说要比成绩的升降浮沉更有意义。高三这一年，带给我的不仅是成绩上的提升，更有心智上的成熟。

"只有经过地狱般的磨炼，才能拥有创造天堂的力量；只有带血的手指，才能弹出世间的绝唱。"

五月的校园，泰戈尔的这句话被镌刻在了高三楼下的墙壁上，冷冷地注视着在黑暗中奋争的我们。抬头的瞬间，梁间的轻燕依旧呢喃，静静地注目着每一个角落，回望这一所校园给予我的点点滴滴，一树一树的花开，一树一树的叶落。

很多同学在最为难熬的五月恍惚而迷离，燥热的天气烤蚀着我们每一寸的皮肤。道旁树木只能挡住阳光的暴戾，却无法阻隔心中的暗流。有时，我总会问自己，六月的迷雾真的那么难以冲破吗？最后我终于明白，人生需要的不是高考，而是那一段过程，一种经历。

"我不怕千万人阻挡,只怕自己投降。"

坚持下来的快乐,超越了一切的烂漫,直扑六月的决战。我只是没发现,故事已结局。

高考前的那晚,月夜静谧而优美。独自赏月,光影浮动,飞落月中之雪。想着生命的轮回,人生的坎坷,却只能归结于匆匆别离,匆匆相聚。没有忧愁,却难以摆脱沉重;没有惊惧,却难以放下警惕;没有慌乱,却难以解开纷繁。

滂沱雨,无底涧,涉激流,登彼岸。

月光如水,三年的奋斗,三年的成败,都在这静静的月色下悄然凝结。何处是归程?目送宿鸟归飞急,将栖而未栖的巢穴,是对生命的叹息,还是对即将来临的战斗的企盼?寂寞的逡巡,清幽的况味,几点回忆的印痕,却无法掩盖月色如飞鸿般在脑海中留下的涟漪。拣尽寒枝,只是发现过往已氤氲成缭绕的云烟,缥缈散尽而真醇尽露。

月冷歌残,云华入梦,星潮流影,芳草自落。佛家所言之摩诃般若即大智慧亦不过如此。昔柳宗元于永州西山"心凝形释,与万化冥合",齐物我而不知彼此。夜吟于斯,叹年华如羽,竟也产生无枝可依的彷徨。正像李商隐的诗篇,蓬山无路而青鸟殷勤、执著探看。

忆君清泪如铅水

庄子云:"今吾朝受命而夕饮冰,我其内热与?"

一切尘埃落定之后,我的心仍漫卷焦灼。离别和初见,就这样错开两段不同的故事。

再次在教学楼下信步徜徉,听书声琅琅,檐雨初滴,那平时深埋的眷恋,恰如水落后的礁石,峥嵘初露。茫茫烟雨,竟也模糊了苦乐的分野,把岁月和记忆静静带走。在这里,青春和梦想纠缠不休,情感和理念纷扰难解。

我一路向北,离开有你的季节。

昔时暗埋的誓言,燕园重会的约定,未名湖畔的丹枫雨露,我焚香携酒,酌剑而来。人生的转折就在此开始,不经意间,就是两个古都的凝眸。

"回首往事竟成尘,我是东南西北身,白下沉酣三度梦,青心沦落十年人。"

这是李鸿章少时的《入都》中的四句,和古时先贤入都时一样,我心中同样充满着无尽的希冀。面前江海空阔,一任驰骋,少时的梦即将成真。

别了,百年的母校。"甚西风,吹梦无踪,人去难逢,须不是神挑鬼弄,在眉峰,心坎里别是一般疼痛。"

来了,神圣的燕园。犹如睡美人初醒,佳人倾城,看天下才俊,清眸含情,窗外月影婆娑,韵致正浓。

个人格言:谁终将声震人间,必长久深自缄默,谁终将点燃闪电,必长久如云漂泊。

学习感悟:独学而无友则孤陋而寡闻。

个人寄语:伤感而优美的青春,多情而孤独的年代,不要在决绝中漫卷焦灼,不要因失望而蓄满愤懑。

姓　　名：王　祺
录取院系：城市与环境学院
毕业中学：云南省云南师范大学附属中学

从边疆走向首都

　　天高地广，山清水秀。枕着悠扬的溪流，踏着温顺的早春，走在青石写满苍劲的路上，细细品味着鸟语花香。丝丝小雨，淙淙流水，片片树林，处处清香。这是一个静谧的小镇。

　　另一个方向，穿过山的那头，那里有车辆在不停息的奔流，那里有数不尽的高楼穿破云霄。那里充满忙碌，那里夜如白昼。那是一座繁荣的城市。

　　命运从不抬头望星空，它总是让人感到无奈却又充满感激，它是一条比银河更充满智慧的河流，将我从静谧载向繁荣……

　　我的家乡是一个边疆县，她坐落在祖国的西南边陲，与缅甸仅几十公里之距。这里与世无争，无论谁都喜欢和自然打交道。从小我便喜欢上了这里小桥流水的生活。

　　小时候我和小朋友爬在草地上，眼睛死死地盯住前面的蚱蜢，"扑"的一声，草地上便笑开了花。还记得小时候和家人一起到河里划竹筏，我坐在筏中央，不时地将小手伸进清凉的河水中，看着竹筏来回穿梭，心里很是痛快。小学的课外活动是到田里帮农民们插秧，我们顶着大太阳，将手伸到泥里，身体累得慌，但心里却有道不尽的快乐……

　　我们没有高科技的电子游戏，没有时尚新鲜的玩具，没有各种各样的补习班……有的，只是天生的天真自然和一颗爱玩的童心。

　　小时候，不知道什么是奋斗，更不知道什么是拼搏。不知道老师为何一遍又一遍地教我们读书写字,不知道白纸黑字意味着什么,不知道不厌其烦的考试为何永远都不结束……只知道写完作业就可以游戏,只知道考试后就是欢笑与游玩的天下……

上了初中,我才似乎和玩耍说再见了。一直名列前茅的我一直不敢懈怠。面对社会的诱惑,我选择背起书包来到学校;面对家人老师的一片苦心,我选择咬牙坚持发奋学习。终于,皇天不负有心人,我以全县第一的好成绩考上了全省最好的高中——云南师大附中。

坐在车上,我心情忐忑。走向昆明,就意味着我选择了更高的起点,但也意味着我选择了孤独,选择了独自作战,选择了面对挫折困苦,选择了离别乡园而停泊城市。

走进城市,我深切地看到社会的压力,看到了稚气的孩子疲于奔命地奔赴在各个补习班之间,看到了行人匆匆的神色……

走进附中,我明显地感到学习上的吃力。和昆明及各地州的莘莘学子相比,我的基础明显没有别人扎实,综合素质也没有其他同学优秀,但我选择了用我的方式书写自己人生的篇章。

在求学的日子里,柳絮纷飞,烈日曝晒,枫叶透红,寒潭惺忪。经历过孤独,经历过欢笑,经历过悲欢离合,经历过苦尽甘来。

然而对于我,最难以承受的苦痛并非是求学之苦,而是从县镇进入城市的孩子都必须思考的沉痛……

每每看到呼啸的车从眼前驶过,每每看到焦急的父母在车旁等待儿女,我都不禁陷入沉思:我的童年,是坐在父母的脚踏车上远远地望着卖棉花糖的老伯变魔术似的卷出一团雪白的糖团;而他们的童年,是坐在父母宽敞舒适的飞奔在交通有序道路上的小轿车里看惯高楼在眼前退让的熟稔……

最能看透城乡差别的我也忍不住打翻了心里的五味瓶。

"王侯将相宁有种乎?"

"我不甘心……"

风过无痕，雁过留声。三年实在太急促，我挥手而至，又将挥手而别。

三年，给我的知识很少，但给我的思绪却很多。

曾经面对喧嚣的迷茫，曾经停驻街头的妒忌，都在高考结束的午后黄昏，被云朵一口一口地吞噬掉。

从什么时候起，我懂得了城市和县城并非两个世界。城市不是只有忙碌的无情，有的是活跃的激情；县城不是只有荒凉的悲切，有的是乡土的亲切。

我曾经徘徊在繁荣和静谧之间的忐忑的心，渐渐沉静……

拿到录取通知书那天，我面对的不只是一张喜庆的文纸，更是一张探索乡情和文明的通行证。

我抬头望着家乡湛蓝的苍穹，呼吸得多么畅快！

因为我知道，我走向的，不仅仅是文明的城市，更是我们伟大祖国的首都，充满文化气息的文明之都——北京。

"我一路向北……"这么一句简单明了的歌词，却记载着我那充满生机的一路旅程。

我是一朵边疆绽放的小花，花小色单，却充满芳香。

我是一棵边疆扎根的小树，杆小枝短，却充满生机。

我是一只边疆破壳的小鸟，身小力薄，却充满理想。

花小色单又怎样？我可以让香气溢到忙碌的城市。

杆小枝短又怎样？我可以让树枝伸到繁华的都市。

身小力薄又怎样？我可以展翅，跃到我心仪的北京。在那里细点我美丽温顺的家乡和探索我未来驻扎的繁华！

个人感悟：只要站起比跌倒多一次，那就是成功。

姓　　名：刘　远
录取院系：工学院
现 院 系：元培学院
毕业中学：北京市顺义区牛栏山第一中学
获奖情况：2008年全国青少年信息学奥林匹克联赛（省级赛区）
　　　　　一等奖

感　谢

父　母

　　我首先需要毫不避讳地说一下，我是个生长在单亲家庭的孩子。父母在我13岁那年分手，而我和母亲生活在一起。与其他单亲家庭的孩子不同，我的人生从那时候起发生了转折，我真正开始懂得许多人生的道理。

　　我的父亲是名中学老师，虽然他是那样平凡，但是他很爱我，他经常打电话询问我的情况，也经常和我一起吃饭、谈心。有的时候我会想，不知道那些生活在完整的家庭里的孩子，他们又有几个父亲能做到我父亲这一点呢？我考上北大后，有一次和父亲两个人一起吃饭，尽管我很不情愿，父亲还是硬塞给我一万块钱，我心里知道，以父亲现在的工作，攒下一万块钱是多么的不容易，何况他还要照顾另外一个家庭！我知道这钱不能推，这是父亲对我的一种鼓励和期盼。

　　母亲曾经是大学教授，后来跳槽去了外企，现在已经是部门经理了。母亲是别人眼中典型的女强人，但是别人不知道，母亲也是个感情丰富的人。她时常觉得五年前和父亲分手给我带来很大的伤害，经常觉得对不起我。但是五年来，母亲让我理解了很多东西，她也教会我更多的人生道理。拿到北大保送生录取通知书的时候，母亲激动地拿着通知书，数十里开车赶来，就是为了让我和她一起看看那蓝色的包裹，看看那张令人激动的录取通知书。母亲是个伟大的女人，更是位伟大的母亲。

老 师

我很庆幸在我不同的求学阶段碰到了许多热爱工作、认真负责的老师。我的学校在郊区，很多郊区的老师，其实很有能力，也有机会去城里的学校闯一闯。但是老师们始终秉持着对郊区学生的热爱，一直坚持在郊区工作，这种精神让我敬佩。

在很多并不了解我的人眼中，我是一个仅仅靠聪明不需要怎么用功就能考上北大的人。但是教过我的老师都知道，我从小就很浮躁，很不踏实。我的一位老师曾说过："上帝是公平的，聪明的人一般不勤奋。你算是个聪明的孩子，但是并不够勤奋。我希望你可以成为一个既聪明又勤奋的好学生。"那个时候我就想，如果我勤奋了，那会达到什么样的高度呢？于是我去尝试，去不断努力，一个又一个老师见证了我的进步，也不断给我加足马力，继续向前。可以说没有你们，我会继续浮躁下去，没有你们，我与北大肯定无缘。所以我要感谢我的老师们，感谢你们十二年来对我的辛勤培育和无私关怀。我会走下去，继续去攀登新的高峰！

同 学

对我来说同学即是朋友。当然大范畴的朋友包括很多人，但是同学是其中的主要部分。总的来说，我的同学有个最大的品质那就是真诚。也许几十年以后，当我在社会中沉浮，在各种浪潮中翻滚，我很难想象身旁的人能像我的同学这般真诚地对我。

　　有的同学很优秀，他们大多是大家眼中的好学生，但他们并不吝惜自己掌握的知识，经常帮助同学解决问题；有的同学多才多艺，是大家眼中的小明星，但他们并不炫耀自己的才能，而是在各种文艺演出上奉献着自己的才华；有的同学很有领导才能，是大家的主心骨，但他们并不拿腔作势，而是积极配合老师工作，努力为同学服务。

　　很多时候，我为自己曾经认识这样一群优秀的人感到骄傲和幸福。也许当我有什么困难再次拨通他们电话的时候，我相信对面一定是真诚的话语与无私的安慰。真的谢谢你们，我的朋友！当你们有什么困难需要我帮助的时候，请第一个打电话给我！我会尽自己的全力帮助你们！

个人格言：人人笑我太疯癫，我笑他人看不穿！

学习感悟：一切都要从负开始。

个人寄语：会当凌绝顶，一览众山小！

> 姓　　名：白泽蒙
> 录取院系：法学院
> 毕业中学：北京市中央民族大学附属中学
> 获奖情况：2008、2009年分别被评为北京市海淀区三好学生，2009年被评为北京市三好学生，2004、2005、2008年全国中学生英语能力竞赛分别获得二等奖

与青春有关的日子

我的家乡在有着"风吹草低现牛羊"美誉的广袤北疆，我的蒙古族祖先在那时征服了世界上最广阔的土地，或许是流淌在我身体中的蒙古族血液造就了我诚实与忠厚的性格，我的青春岁月一直被丰厚的感情充斥着。在我19年的青春记忆中，一些重要的人在我的心中占据着重要的位置，他们与我在一起的日子，有欢笑、有泪水、有甜蜜、有辛酸……但是无论怎样的记忆，都像岁月在皮肤上留下深深浅浅的痕迹一般，嵌入肌肤的纹理，跟随我一生。

我的父亲母亲

很奇怪，很多人对这个世界开始有记忆似乎是三岁以后的事情，而我最早的记忆在婴儿时期就有。我第一次看到的这个世界，是婴儿床高高的围栏外伸出的两个硕大的脑袋，他们就是我的父母。我的很多的第一次，都与他们有关。第一次学写字，是父亲用他宽厚温暖的大手握住我的小手，在洁白的纸上写下"爸爸"两个字；第一次荡秋千，是父亲在身后推着秋千，母亲在旁边微笑地看着我们，风在身边轻轻的吹过；第一次做算术题，是最快答出了正确的答案，

得到老师的赞扬，体会到学习的乐趣。

我的父亲是个聪明勤奋的人，他出生在科尔沁的贫苦牧民家庭，他用刻苦的学习换来了优异的成绩，最终考上了大学，改变了命运，然而也因过度的劳累患上了神经衰弱症。现在，他带领的军队医院改革创新，成绩显著，今年被内蒙古自治区树立为重大典型。母亲则遗传了她那红军父亲顽强和倔强的性格，是四个兄弟姐妹中唯一考上大学的孩子。

在我11岁时，由于父亲的工作原因我们一家三口去了加拿大。我们一家在国外的生活很拮据，母亲为了供我上学，在一家餐馆打起了"黑工"。每天早晨在我醒来之前，母亲已经走了，晚上睡觉时她还没有回来，所以，在那一段时间里我和母亲虽然生活在一起，但我却常常见不到她。有一次，母亲下班没有赶上最后一趟大巴，她又不舍得打车，就一步步地走了回来，父亲在汽车站一直等到凌晨两点钟才等到母亲，我们早已担心的不行。因为打"黑工"，母亲没少受气，在加拿大一年多的时间里，母亲舍不得出去旅游，舍不得买新衣服，舍不得放过一丁点儿赚钱的机会，她的手由细腻光滑变得粗糙干燥，只为能让我没有负担的读书。母亲为我所做的一切，我都记在心头，我在心底告诉自己我会尽我最大的努力好好学习回报我的母亲。我的父亲是一个性情中人，他在国外实验室的研究有了阶段性成果的时候，国内爆发了"非典"疫情，作为一名从事免疫学研究的中国军人，父亲自觉肩上有对祖国人民巨大的责任，断然拒绝了所有人的挽留，带着我和母亲回到了祖国，投入到抗击"非典"的大潮中，父亲对祖国、对人民的那种深情，让我懂得了什么是大爱。

从基因学的角度有一种说法，母亲把智慧、父亲把性格和容貌遗传给孩子，在我看来，更重要的是我的父母在我成长路上的言传身教，他们把为人处世的道理潜移默化地植入我心中，让我成为一个善良、有责任心、坚强的人。

父母给予我的实在太多太多了，当北京大学的录取通知书发到他们手上时，父亲因为喜悦喝得烂醉，而母亲也成了他们单位教子有方的典型，同事们纷纷上门取经。那一刻，我第一次感到我尽了孝心。

我的朋友师长

上初中的时候，班里有一位很奇怪的男生，他不怎么说话，课间总是蜷缩在教室外的一个角落里，从来没有人见过他笑。他的身体显得很庞大，当时就有一米八高了，但是他的动作却很小气，与他的身高相比极不协调。我见过他写的作业，即使是很大的一张纸，他的所有的字永远都集中在左上角，密密麻麻连成一片，很难分辨，好像那张纸的其他地方有地雷，不可触碰。

但一件事情之后，让我开始关注这个特殊的同学。

一天的课间操，鬼使神差的他突然站到了队伍的第一排，而通常他总是站队尾。那天的课间操，他成为焦点，他那极不协调的动作引起了全班同学的哄笑。在回教室的路上班里的男生跟了他一路，他们一边学他那极不协调的动作，一边用语言讥讽他。而他嘴里嘀嘀咕咕地重复着"我不听……我不听……"，突然传来一声惨烈的尖叫，他飞一般地跑上了楼，我着实被吓到了，而其他男生则笑成了一片。我跟着他跑上楼，发现他蜷缩在角落里，身体不停地抽搐，他哭了，哭得那么伤心、那么无助。一下子，我的心特别难受。通过我主动与班主任刘萍老师交流得知，他患了自闭症，一种不能与人正常交往的疾病。班主任刘萍老师是一位善良而负责任的好老师，她要我们一起帮助这个与众不同的同学，但是又不能让他感到自己的特殊。

我和他的友谊就是从这个时候开始的，我开始主动与他说话、交往。开始的时候，他不肯跟我说话，在那个时候，在所有人的眼中，跟他说话是件很丢人的事情。但是我每天都去找他，和他聊天，不管他愿不愿意听我说。慢慢的，他开始与我交流了。我发现他其实懂得很多，而且记忆力超强，他对古典音乐和"二战"史了解得尤其多，他甚至可以把一些有关战争的具体数字都背出来，我开始对他有了崇拜之情。

我把我和他的故事写成了作文，得到刘萍老师的高度评价。在一次作文课上，刘萍老师在全班同学的面前朗诵了我的文章，班里同学慢慢地都安静了下来，很认真地听着，甚至有的同学流出了眼泪。从那以后，越来越多的人加入到帮助他的队伍中来，渐渐的，他的脸上开始有了笑容。

三年之后在看到《雨人》这部电影时，我又想起了和影片中达斯丁·霍夫曼饰演的雷蒙相似的我的同学，他们一样的封闭自卑、举止怪诞，但他们却纯真善良、单纯可爱。能够带给他快乐，我也很快乐。

我的花季雨季

在加拿大时，父亲实验室的叔叔告诉我，在国外没有女朋友是一件很丢脸的事情。可我当时不知道女朋友是什么，只觉得拥有女朋友是值得骄傲的事情。那年情人节前夕，老师让我们准备男女同学互相赠送的礼物，父亲在本不宽裕的国外生活中为我节省了 30 美元，买了盒很不错的巧克力，并煞有介事地为我打扮一番。到了情人节当天，我却不知道把巧克力送给谁。最后只能在一盒签名中抽到一位外国女孩，然后忐忑地将礼物送给了她。当我回到自己的桌子前时，竟然发现桌子上有张卡片："Zemeng Bai, a happy valentine, from, Angelina"。我发现对面一个陌生的女孩儿冲我傻傻地笑，我知道，这张卡片是她送给我的。我的虚荣心得到无限膨胀，放学后飞一般地跑到父亲的实验室，神气十足地告诉实验室的叔叔，我有女朋友了，惹来大人们的一片哄笑。

在高中我遇到了一个让我心仪的女孩，但是当时我非常清楚高考对我的意义，十年寒窗，我要对自己的前途负责任，我觉得这才是一个男子汉应该做的事情。我为自己制定了十分周密的学习计划，吃饭时间要控制在十分钟以内，午觉也只能睡十五分钟，早晨五点钟必须起床，为此我每天都定三个闹钟，而晚上我就和父亲玩起了捉迷藏。父亲规定，即使再紧张，晚上十一点半之前必须睡觉。开始的时候，我一学习起来就忘了时间，总是超过父亲规定的时间，有一次被父亲"逮"了个正着，他严肃地告诉我"下不为例"。从那以后，我的行动更加谨慎了，十一点半一到，我准时把灯熄了，大概十分钟过后，我听父母屋子里没有动静了再悄悄地把灯打开，继续学习，这个秘密父母一直没有发现，直到高考结束。就这样，我一路体验着成绩上升带给我的乐趣，并且固执着非北大不上，我对自己非常苛刻甚至有些到了偏执的程度。终于，北大的录取通知书如期而至，我觉得自己所有的付出都是值得的。

高考结束后，我决定去追随那位我心仪已久的女孩，很意外，父母竟然同意了我的请求，并赞助了我经费，这让我吃惊不小。父母告诉我，他们决定让我去飞，是因为他们相信我有能力知道怎么去飞。我十分感谢有这样的父母，他们没有硬生生地扼断我青春期的梦，他们让我大胆地去实现心中所有美好的愿望。

学习感悟：勤能补拙。

姓　　名：周文杰
录取院系：元培学院
毕业中学：上海市上海中学
获奖情况：2008年全国中学生生物联赛二等奖、第5届上海市中学生时政知识大赛二等奖、第6届上海市中学生古诗文阅读大赛三等奖、2008年度上海市教育发展基金会优秀中学生奖学金

佛　光

高考的硝烟全部散去，一切谜题也都已揭晓，我终于可以平静地打开伴随我征战考场的笔袋，细数着高考留给我的记忆。

在笔袋深处有一张铜质的护身符，它被那样小心地装进红色的护套里，在它上面刻出观音慈祥而微笑的面庞，四周是佛光万道。这是妈妈放进的，我自然而然便想到她，自以为的平静又被搅乱了。

考上北大之后，妈妈的同事们都来贺喜："传授传授经验吧！""咳，我哪有什么经验，都是他爸负责的。"是的，爸爸手把手地教我识字，领着我锻炼，带着我外出旅游……从小到大，他都是一如既往地肩负起作为父亲的责任。我毫不掩饰对父亲的崇拜，崇拜他的高学历、他的宽广学识、他的认真细致……

升入高中，我选择了住校，只有周末才能回家。年轻人也许真是四海为家，寝室兄弟们的嬉笑打闹让我从未有过思家的离愁，相反，新的生活、新的朋友吸引着我远行，留给家的却是一个渐远的背影。不久，爸爸到另一个城市工作，家里只剩下了妈妈。

一次返校前，她对我说："以后每周三晚上给妈打个电话吧。"一丝请求的语气让我感到陌生而不适应。"哦。"含糊地答应下来的我

却总容易将约定忘却，回家后她会提醒："怎么又忘了呢？"其实每次打电话不过是几乎刚问完好就结束了，绝不超过1分钟。的确是没什么话好说，尽是些鸡毛蒜皮的事罢了，这电话打得有什么意思呢？我不禁在心中暗想，但我真不忍再听到她的请求，所以决心一定要把约定牢记心底。

我压根没曾想到自己的电话对妈妈是那样重要，以至于她会向同事们夸耀儿子对自己的关心，殊不知这却令我感到羞愧，尤其当我看到有的同学每天都给父母打电话时。我开始重新思考我和妈妈的关系，如果别人问我："你爱你妈妈吗？"我一定会说："我爱。"可若别人追问下去："你是怎么爱的呢？"我却只能以沉默作答。我是她的儿子，可我却从未意识到儿子所代表的不仅仅是享有她的爱，更多的应该是回报她的爱。

我和爸爸都离开了家，我没觉得这有什么不妥，那是因为我从来就没想过每晚妈妈回到空空的家中，她的生活状态会是怎样。现在我的脑海中呈现出分明的两个画面：一侧是寝室橘色的灯光中，我和室友们兴奋地游戏、聊天。另一侧是青白的日光灯下，妈妈一个人坐在沙发上，叹了口气，关掉电视，却不知再去做些什么。我的心在痛，我这也算是爱她的吗？我口口声声的爱会让我有时遗忘掉她对我唯一的请求，一周都不给她打一次电话吗？假如我忘却，她在那个周三的晚上一定会久久等在电话旁，铃声不响，也许她那晚的觉也睡不踏实。我想去尽责、去补偿，可我现在所有能为她做的不过就是离家后打个电话，在家时陪她聊天罢了。

在不经意的闲聊中，她提到在我返校后她连做饭都没有心情，经常下点挂面，菜也懒得做。没精神做也便没精神吃，周一煮的一盆米能一直吃到周五。可我知道一到周五她便寻思着怎样为我改善伙食，原本家中的菜都是精于厨艺的爸爸烧的，但为了我她开始琢磨、请教、动手，一遍又一遍地尝试。

她也会给我讲她过去的故事。她的班长经历、她登台发言前的胆怯、她转学初的不适应、她备战高考的过程……她所经历过的在我这里居然都有着相似的翻板，也许是因为心中跃动着相似的灵魂。我时常扪心自问：她从贫瘠的农村考入省会的大学，后来又到上海工作，这一切是多么不易，而自命不凡的我又能做到几分？我原来总是钦慕爸爸的学识渊博，却忽略了妈妈的奋斗、努力、拼搏同样值得我为之骄傲，为之自豪。

我才发现自己其实真的太不了解她了，她在我的脑海里只是妈妈，就像是一个符号式的存在，我从未真正试图走进她的生活，尝试去了解她内心同样轻柔的情感。我每次返校都需要走一小段路去车站，哪怕行李再少她也要送我。我嫌她烦，有几次甚至粗暴地拒绝了她。我未曾意识到她已不是当年的严母，而我也长大到拥有足以反抗她的力量。儿子的独立当然是妈妈所期望的，却也是她隐约中所伤痛的。面对成熟的儿子，渐老的她会突然发现儿子似乎不再需要她的呵护，而她也只能在越来越少的地方表现出她的爱，比如电话里絮絮的关心，比如陪儿子到车站，比如往儿子的笔袋里放好一张护身符，默默地为我祈祷。

小时去五台山，她让我拜哪个庙我就进去"咚咚"磕几个响头，留下身后她如花的笑靥。中考前，我却因为她往我笔袋里放那张护身符而嘲笑她的迷信："什么破菩萨？我不信！"她吓得赶紧捂住我的嘴："不信就不信，你胡说些什么？"现在想起这件事，连同一大串曾伤透了她的心的那些话语，让我心如刀割。母爱是不求回报的，只要让她感到她还能够关心我、呵护我，她就会心满意足，而我自以为是的嘲笑却残忍地剥夺了她仅剩的能为我付出的地方，让她对我满满的爱向何处流淌？

我的心很沉。

高三下半学期气氛日趋紧张的时刻，我拒绝了一份国内知名大学的预录取邀请，虽然它能让我提前脱离书山学海，可我对自己发誓：我一定要进国内顶级大学的知名专业，哪怕让我付出十倍的艰辛。这个决定不全是为了妈妈,并且我知道纵使誓言成真也完全不能弥补我对她的伤害,但我终于找到一个打电话、陪她聊天以外能让她感到幸福的方法。这是我力所能及的,也就成了我为人子应尽的责任,所以我一定要做到。

高考前,妈妈又把那张护身符放进我的笔袋,这次我只是静静地看着而没有阻拦。坐在高考的考场里,我慢慢将它抽出,观音慈祥而微笑的面庞让我觉得无比熟悉,静下的心面对着万道佛光默默地说:"我依然不信神佛,但我笃信着比佛光更光亮、更温暖的母爱。它一定能保佑、庇护着我顺利前行。"

收好它,眼眶湿润的我在考卷上写下了她给的我的名字。

个人格言:为天地立心,为生民立命,为往圣继绝学,为万世开太平。

学习感悟:衣带渐宽终不悔,为伊消得人憔悴。

个人寄语:未来不是我们要去的地方,而是我们要创造的地方。

姓　　名：王　翔
录取院系：信息科学技术学院
毕业中学：江苏省泗阳中学
获奖状况：2008年全国高中生数学竞赛（省级赛区）三等奖

盛夏四篇

Chapter 1　亲人篇

有你在，整个世界都在。

——题记

岁月如歌。这个夏天依旧在歌声中跌宕起伏，亦如往年。

然而，这个夏天对于我们家来说却是个不平凡的季节。

当得知我被北大录取时，爸妈高兴极了。他们眼中散发的热情像熊熊的火焰，驱走了台风带来的全部凉意。是啊，有什么能比自己的儿子考上全国最高学府更让人高兴的呢？那一晚，爸妈热泪盈眶，他们将十几年来为人处世的艰辛、卑躬与如履薄冰的恐惧感全部发泄出来。我知道，爸妈为了抚养我们姐弟几个着实不容易，他们受了太多的委屈。我闭上眼睛，任凭思绪在脑海中奔腾。记忆中的片段一一浮现。

妈妈在一个冰冷的冬天生下了我，贫苦的生活让她只能选择容忍一切不幸。当时，即使外婆家送来几个鸡蛋想为妈妈补补身子也被拿去卖钱了。记忆中妈妈在田地里背着年幼的我弯曲劳作的模糊背影是我儿时珍藏的唯一财富。我常常想，那儿时的天空是否如妈妈的肩膀一样宽广；那儿时的土地是否如妈妈的背影一样厚重；那儿时的细雨是否如妈妈的抚摸一样温柔。弹指一瞬间，时间已经悄悄流逝。看着妈妈的丝丝银发和缕缕皱纹，如今的我是否还能读懂那用岁月雕刻的爱的痕迹？

其实，我一直不懂爸妈。他们总是默默地处理好各种事情，只在事后才偶尔轻轻地提及。我始终无法想象爸妈是以怎样的勇气和毅力去面对种种不尽如人意的。在爸妈精心编织的善意的谎言中，我早已失去了理解他们的机会。

但，我真的不理解他们吗？

我想，只要有爱就可以理解一切。不需要过多的言语，只要记住爱，就是对爸妈最好的回报。

真的，我真的很高兴。我为自己能让爸妈有快乐自豪的理由而感到无比欣慰。

我保证，我会成为让你们继续骄傲的儿子。

这一个夏天，浓浓的亲情笼罩着我心灵的天空。

Chapter 2　恩师篇

春蚕到死丝方尽，蜡炬成灰泪始干。

——刘禹锡《无题》

教师是世界上最神圣的职业。这一直这样认为。

只是，真正刻骨铭心地体会到这一点是在今年夏天。

在谢师宴上，我发现了老师们更多真实和和蔼可亲的一面。在学校里，他们不仅仅扮演老师的角色，他们也是我们的好朋友。唯有他们才会对没有血缘关系的我们如此关心。老师对我们亲切的交谈、真诚的祝福、自然的微笑，使我们仿佛置身于时光的花园，于碧水蓝天中采撷盛夏的果实。而往事亦如浓盛的山茶花那样从这花园栅栏的缝隙中探出头来，撩拨着即将远行者匆忙而粗糙的足迹。是谁，选择不顾自己的家庭来全身心地陪伴我们？是谁，选择融入我们的生活来为我们排忧解愁？又是谁，选择永远做幕后英雄而把鲜花和掌声送给我们？或许，我们曾因年少时的冲动和固执伤害过老师，那么，在这别离时刻我想轻轻地对老师说声对不起。我相信，老师一定会回以轻轻一笑，并真诚地祝福我的。

要知道，老师是世界上最无私最大度的人。老师付出的总是很多很多，而他们索取的却总是很少很少。对于那些自己亲手送走的一批又一批学生，老师所想要的仅是一句感谢的话，或是一封祝福的短信。看到"祝老师万事如意"或"愿老师身体健康"等简单朴素的字眼就足够让他们快乐很久，很久。

记得高考前一天的晚上，语文老师和我们告别时说了一句很简单却又撩人心弦的话："常回家看看啊！"是啊，当我们风尘仆仆地回到母校，看看我们的老师，看看我们曾经播撒汗水与泪水的校园时，那些或许已经白发苍苍的老师一定会万分激动。因为，至少他们知道自己的学生还记得自己，还惦念着自己。这，就是他们辛勤付出的全部意义所在。

这是多么淳朴而简单的期盼啊！

我想，如果没有老师们辛勤的付出，那将没有国家的下一代，没有民族的希望与未来。

如果有人问："谁是最可爱的人？"

我会毫不犹豫地回答："我的老师。"

Chapter 3　同学篇

让我们记住共同走过的岁月，记住爱，记住时光。

——维吉妮亚·伍尔芙

有人说，君子之交，其淡如水。

我想，同学之间的感情真如那淡淡的矿泉水，晶莹剔透，纯洁质朴。

又有人说，醉后方知酒浓，爱过方知情重。

回想往昔的相处，苦中作乐，我们在一起拼搏，在一起欢笑，在一起度过了永远也无法忘记的高中三年。我们拥抱春夏秋冬，简单而美好的小幸福充盈着我们的生活。我们已习惯彼此的一举一动，一颦一怒。然而，分别之时到来，为何仅仅一个普通的微笑也让人觉得倍加珍惜！

记得不久前的班级聚会，每个人都兴高采烈地来了，尽管大家知道这之后将各奔东西。没有人提及将要分别，仿佛那是一个禁忌，仿佛那种事情不应该在此刻发生，而且永远不会发生。我们吃饭、唱歌、做游戏，大家互相帮助，互相谦让，平时小小的幸福在此刻被放得很大很大。我们拼命地想挽留这稍纵即逝的快乐，我们显得有些疯狂。我还记得我们的歌声，激昂的旋律中隐隐透露出一丝淡淡的忧伤。我想，这应该不是青春的烦恼吧，而是对这份纯真感情的无比留恋和珍惜。

自始至终，我没有看到一个人流泪，但我知道泪水都藏在每个人的心中。好男儿志在四方，我们必须到更广阔的天地去开启新的征程。

或许，在将来的某时某地，我们突然回忆起彼此时会莫名地潸然泪下，但我们不会悲伤也不会绝望，因为我们相信这份年少时的感情会像空气一样，虽然很薄很薄，却时时刻刻充盈在我们的身边，陪伴我们走到天之涯海之角。我们依然会好好去爱，去生活。

每每想到这些，我就会会心一笑。

是啊，这是多么美好的念想和回忆啊！

我们亦会在美丽的回忆中勇敢地面对未来路上的风风雨雨。

我坚信，你在，我在，大家都在！

Chapter 4　未来篇

　　旧与新，往昔与现在，并不是敌对的状态。它们在时光行程中相互辨认，以美为最后的依归。

——简桢

　　往昔如流水，已一去不复返，但仍会偶尔溅起几朵美丽的浪花，闪耀在记忆的汪洋。

　　未来如海市蜃楼，虽然虚无缥缈，却在世界的另一个地方真真实实地存在着。

　　而我要把握的不仅是现在还有未来。

　　我相信，未来并不缥缈，它就在我自己的手中，我可以感到它的存在。我也知道，未来意味着很多。如此，我便有了继续前进的理由和动力。

　　于是，惦记着往昔的爱与欢笑，收拾好青春的行囊，我将再次义无反顾地出发。尽管这一次的征程会有更多的挑战与磨难，但在通向未来的道路上我不会退缩。即使我没有横刀立马、不待冯唐、直指征程的气魄，亦会从容优雅、不卑不亢地面对一切快乐与忧愁、坦途与荆棘。我坚信：攀峰之高险，岂有崖巅；搏海之明辉，何来彼岸。

　　亦或如毕淑敏所说，知道了航向和终点，剩下的就是帆起桨落战胜风暴的努力了。

　　　　个人格言：No pains, no gains.
　　　　学习感悟：既然我们可以选择快乐地学习或痛苦地学习，那么我们为什么不选择快乐地学习呢？
　　　　个人寄语：好好去爱，去生活。

姓　　名：崔可忆
录取院系：国际关系学院
毕业中学：安徽省淮北市第一中学

莫失·莫忘

当一轮明月挂上苍穹，当满天繁星闪烁天际，当父母匀称的睡觉时的呼吸声传入耳际，当路上已稀疏了人群，只听见汽车呼啸而过的声音时，我开始提笔写下这些文字，以此来回首我这些年来走过的历程。

幸福女神似乎总是眷顾我，在我面对无尽的挫折与困难的时候，她会来到我身边，告诉我用智慧与热情、青春与淡然去摆脱困境。回首这一路追梦的过程，我发现这条路虽坎坷，但走过之后却是收获颇多。

每个人选择每一条路都有他们这样选择的理由，面对着他们不同的人生际遇，不同的环境氛围，不同的家庭教育与传统理念，不同的人生信条，不同的理想追求，谁会甘愿做一个落后者，被人们遗忘在梦想的边缘，世界的角落？

当孩童时的幼稚，小学时的懵懂，初中时的激情，高中时的成熟都只能化作年轮中的宽窄，化作旧挂历上的数字，化作为数不多的照片时，我不愿意去伤感，但那种沧桑感却油然而生。

有失就有得，多年的努力终于换来了我梦想的最高学府——北京大学的录取通知书，我想我在梦中都会笑，笑得特别开心，特别纯真，貌似我又找回了儿时的乐趣。

但在这其中的滋味我每天都在感受，十分真实，十分亲切。酸甜苦辣咸的滋味都会在心间不断地翻滚。改变能改变的，接受不能改变的，我一直都是这么认为的，也是这么去做的。曾经的我有时十分任性，相信自己坚持到底的目标就一定能够实现，可是现实中有许多阻力，是我不曾想过的。渐渐的，我学会在做事情之前将可能遇到的困难考虑清楚，然后再信心十足地去做，即使困难出现，我已有充足的心理准备去应对。在这个过程中，我体味到了打败一个敌人所带来的欣慰，战胜自我所找回的信心与充实。时间不会让记忆风化，就如同羽化成蝶的蜕变，我也渐渐成长为今天这个自信、充满激情的我。

　　长这么大我应该感谢许多人，也许一个过客的眼神与话语都会成为改变我命运的动力，我没有忘记，也不会忘记那些笑容、那些批评、那些伸出的帮助的手……在那些埋头学习、为了梦想奋争的日子里，我会忘记每个日出日落、狂风暴雨、电闪雷鸣的日子，但我会记住每个挑灯夜读、星星闪耀的夜晚，偶尔会在晚上把那盏一直陪伴我的台灯打开，写下一些文字，来回忆那似水流年。我会忘记每日走着熟悉的路去上学，我会忘记路边的花花草草，但我会记住在晚上12点钟声敲响的时候，父母还没有睡，看着我学习，直到我躺下，他们才会把灯轻轻地关掉，安稳地去睡。我会忘记亲爱的老师在每节课所讲的内容，但我不会忘记他们在炎热的夏日、寒冷的冬季为我讲解的每一道题目，也许那些微不足道，那些平凡无比，但日子就是这些平凡堆砌成的伟大，日子就是在看似孤独无助的时刻酝酿成的荡气回肠……

　　我明白，过去的记忆该忘记的就让它忘记吧，从现在开始，我又会面临新的挑战与竞争，面临一片新天地。也许在几个月后的某天，我会说："我很幸福……"那便是失而复得的凛然，那便是独揽众山的释然，那便是一望无际的坦然，那便是嫣然一笑的淡然……

　　莫失，莫忘……我失去过什么？我又得到什么？失去的足够让我祭奠，得到的足够让我富足。忘却的让它留在我来时的路上，记住的让它依旧活跃在明天的舞台。我还奢求什么,但愿明天更美好……

个人格言:改变能改变的,接受不能改变的。

学习感悟:只有流过血的手指才能弹出世间的绝唱。

个人寄语:没有最好,只有更好,唯有文化境界才可使你站在世界的制高点,傲视苍穹。

姓　　　名：贾祯祯
录取院系：元培学院
毕业中学：天津市南开中学

月转身

　　记忆满满的，如此繁盛。青春，突然在我的视觉印象里变成了最美的一枚词语。来未来，去未去，沉浸眼前一片花海，阳光如潮，月色如玉，星光映着我们期期的眸子，在时光背后刻下一串没有结束的生存和感想。青春打马而过，来不及去寻找光芒后的世界里谁会是那个守望在季节里的容颜。或许，我们都是。在心海上泛舟飘摇，遇见是歌，分别也是歌，在来去的缝隙里寻觅，在暗夜里等待，在等待中或哭或笑，独自上路或是有人同行。

　　短暂的，一下午的时光，用来回忆。是够奢侈的梦了。

　　回忆里，轻描淡写，像铅笔淡彩的静物、明暗的调子，失去了大声哭笑的必要。一个四季，有一个四季的故事；一个故事，有一个故事的结局。我已学会，浅浅微笑。得到之前，我不曾妄想；失去之后，亦不可执著。

　　两年前的云南之旅，让我漂浮于尘世的心陡然变得沉静。雨水下落冲走了发丝上的风尘，流水淌过清漂了记忆的过往。高原牧马，青草花香，那里素美本真的质朴和生命永恒的特质让我的灵魂恢复原形，赤子般呈现于天地之间，日月之上。

　　从此，对待生命，我无比虔诚。

　　一位禅师曾说："无论你与人相爱时，还是与人死别时，你都是一个人。"

　　这是一种与生俱来的孤独，让我想起了那段艰苦求学的日子。

那些独自品读黑夜等待黎明的清索，那些在角落里彷徨挣扎的苦楚，雪落的凌晨雨落的清早，那些溅在日记本上的泪痕和密密麻麻又轻轻浅浅只能诉与自己听的细微心情，都让我的心灵迅速成长。于是我知道：求索的路没有捷径，没有可以依赖的人，没有可以投机取巧的方式。时光如河，彼岸花开，要我们诚实、果敢和一如既往的坚毅那迦南圣地方可抵达，我们方可以与自己的本性谋面。

安宁，是经历了艰苦的跋涉和挣扎才生发出来的。

我的世界重又恢复静音，是汹涌过后的回落。

孤独是绝对的。爱也是。

因而世界有姿彩千万、四季轮回、冷暖相续，令人念念不忘。

于是掌中纠缠，错落成痕，好似一个记忆和时间布下的局，牵扯成那一句"门前若无南北路，此生可免离别情"。

离别，不是一个可以轻易说出的词语。

叠叠收藏的记忆如一些花儿，正在生命的暖处，次第开放。

然而，并非每一朵花都开得惊世骇俗，并不是每一场相聚和离别都有着合理的解释。聚是真相，散也是真相。那么不如就放下那些执著，那些人那些事，那些一直被我们认为是属于自己的东西。相遇不是目的，是必经之路，那么离开也是其中一站，而非结局。

由此释然。于是挥手不再觉痛苦，落泪也不再是悲凉。告别的是昔日的美好，对面走来的未必不是精彩的生活。起落悲喜，浓淡相宜，或许才是我们这一路最好的妆容。

憨山大师说："荆棘丛中下足易，月明帘下转身难。"

是的。前者需要的是知识，是勇气，后者需要的是智慧，是觉知。

所以说学习其实是件简单的事，只要我们持之以恒地去做就好，而灵魂的成长是困难的事，它需要我们回味痛苦，抽离并且反观，让我们知道孤独不是悲剧，等待不是蹉跎，分离也不是结局，它们自有其来意和目的，反能让人活得自省而严肃……于是跤没有白摔，泪没有白流，我们也没有白受伤害。它需要我们放下对自我的偏执和对人对事的苛求，诚然上路，境随心起，能够出离而未远走，能够到达而不沉溺，于是月下一转身，发现世界原来晶莹剔透，无法言说，是茫茫人海，也是无人之境。

且行且思。做一个月下转身的行者，心能转物而不被物转，那么纵然是断岸千尺，落崖惊风，也可以眉目清朗，内心安宁。

个人格言：相持，相距，自觉，自省，不恨，不惊。
学习感悟：愿上孤峰顶。
个人寄语：明目壮胆，安心立命。

姓　　名：陈伟琦
录取院系：生命科学学院
毕业中学：江西省万载中学
获奖情况：2008 年全国中学生英语能力竞赛一等奖、2008 年全国中学生生物学联赛二等奖、2007 年全国中学生英语能力竞赛二等奖、2008～2009 学年度普通中学省级三好学生、2008～2009 学年度普通中学省级优秀学生、2008 年度全省优秀共青团员

梦在远方

　　一声紧似一声的蝉鸣急不可耐地招来了夏天。进入百日冲刺，大家做题做到昏天黑地之时，某君对诗歌的热情却异乎寻常的高涨起来。一有时间，别人是摸出大叠模拟卷，他却在纸上划拉些诗句，古体的，自由的，引得同学惊叹连连，然后郑重其事地誊写起来拿给我看。起初我还挺附庸风雅地回过他一阕词，顺带嘲笑了他填词时不分平仄，后来便没那雅兴了。

　　于我而言，在吃饭睡觉都嫌多余的冲刺阶段把时间花在吟诗作赋上，真的是太过奢侈了。我已经习惯了在灯光煞白的教室里埋头演算，偶尔艰难地转动一下酸痛的脖子，大脑如同惯性巨大的飞轮一般持续高速运转，是无法放缓节奏来适应韵律舒缓、情意绵长的诗歌的。

　　某君桌上各色试卷堆积，随手一翻，多是空白，看到他脸上摇摇欲坠的勉强笑容和掩饰不住的倦怠神色，我觉得他是在消极逃避。而我，在经历了对自己所受教育的质疑和由此产生的种种迷惘、悲观、反感之后，已渐渐明白：既然沉重的学业已不可抗拒地加诸我

们身上，不管它究竟是必不可少还是累赘无用；既然只要高考还在，再怎样的反抗也是徒劳；既然所有人都在这道枷锁下奋斗并希望它果真能带来最终的光明；既然我已别无选择，那么我就不要吝惜自己的努力，把这条唯一的路走好。

在那些近乎煎熬的日子里，晚自习时机械地大批量吞吐试卷直到坚持不住的时候，我总是跑到走廊尽头，痴痴望着树影婆娑的街头，有时会无意识地默数那绵延进黑暗深处的灿烂华灯。三三两两的行人喁喁私语，影子在身后拖得老长；低年级的学生骑着单车，一叶扁舟般在水淋淋的路面上轻快地滑过；偶有汽车驶过，沉闷的引擎声震荡着夜色的安谧，一切恍如另一世界般遥不可及。我如同一个观众，俯视这与自己毫不相关的热闹生机，心头是空洞的回响。某君还沉湎在自己的世界里，他的诗似乎越写越好，我却已意志坚定地以高考为中心，其余统统舍弃，不管有多么无奈与不舍。然而未来仍是渺不可知的迷雾，这样难于捉摸，令人心生惶恐与不安，只能一遍遍地用幻想中的自由美好去维护心底那如同风雨飘摇中的烛火般明灭不定的希望。我甚至已无法分清这希望究竟是给人以坚持下去的动力，还是让漫长的等待更加难以忍受。

如今，当我偶然翻阅坚持数年最终在高三时荒废了的随笔，重读一度痴迷的杂志书刊，拿起许久不曾碰过而手生的球拍，看到笔下越来越苍白无力的文字，才明白，这样一种盲目妥协屈服的状态，因孤注一掷而染上了悲壮的牺牲意味。

幼时酷爱画画，学过素描，当时父母只觉是课余兴趣，不必花费太多时间，加之随着年级升高，课业渐忙，很快便中断了。许久之后，当他们发觉现在的孩子都有一项能于人前矜夸的才艺时，父母问我是否要学画，语气里隐含着一丝对往昔的歉意。我拒绝了，理由是我已升入高中，学业繁重，何况多年未拿画笔，笔头工夫早已丢了。我那把全部心血倾注到孩子身上的父母所不知道的是，至今仍在的绘图铅笔，保留完好、线条稚拙的素描习作和当年老师对我所谓"绘画天分"的称赞，都已被我牢牢锁进心底，成为一粒嵌在记忆之眸中的疼痛的砂。

《水罂粟》中说："从来只有希望不眷顾我们，我们却不会主动背叛梦想而去。"那么，少年时代的梦想，之所以可以是一种高于生命的存在，是不是因为其代价太过高昂？它之于茫茫命途犹如星星灯火，似缥缈虚幻又似触手可及，引诱人离开既定的道路，甘于在黑暗中摸索跋涉，为此付出青春、事业、前程乃至一生的代价。有人无声消失，有人成就辉煌——而我，与所有舍弃梦想的人一样，因为畏惧黑暗的未知，因为明白希望的渺茫，学会了不抵抗，听任呼啸而过的命运把我带往远方。

而今，我终于走过了这段至为艰难的旅程，得以有足够从容不迫的态度回头审视昨日悲欢。那些一路走来的深深足迹，那些轰轰烈烈的缤纷往事，那些浓墨重彩的少年心情，却在记忆的肆意涂抹下越发模糊，渐渐隐没在岁月的浊流中。不由得怀疑，人经常认为年轻时的强烈情绪过于浮夸，究竟是因为成熟还是出于遗忘？当阳光重新照亮大地时，谁又能清楚地记得曾经的黑暗是多么的漫长难熬？

某君已踏上了去北方的列车，梦想着在大学里发表一首又一首的诗作。而我——仿佛从一个当时以为身处绝境的噩梦中醒来，无限的可能一下子又回到了身边，令我几乎不由自主地想起《肖申克的救赎》结局里那棵伫立在一道长长的废墙尽头、浑身披着明丽阳光的大橡树，想起那句"希望，是个美好的东西。"我知道，青春的特快列车不会停站，它将载我追逐着远方的梦想，驶过一处又一处失望与希望交替的风景，像是幻灭，又像是新生。

个人格言：有些努力没有回报，有些成就纯属运气，但不能因为极难得到的运气而放弃本应付出的努力。

学习感悟：永远不要以为自己完全懂了，否则你会栽跟头的。

个人寄语：不是人人都能做得最好，但要拿出你自己的最好水平。

> 姓　　　名：赵欧狄
> 录取院系：化学与分子工程学院
> 毕业中学：云南省曲靖市第一中学
> 获奖情况：云南省优秀学生干部、曲靖市三好学生

追梦乐章

启琴韵

当手指再次触碰钢琴琴键，巴赫的小步舞曲倾泻而出，这样熟悉的记忆来自于幼年的我。细细数来，钢琴的音律已伴着我走过了十一个冬夏。伴着钢琴，从傲慢变得谦逊，从无知走向成熟，日臻完善。听着琴韵，我开始了解北大，感受北大，喜爱北大。左畔是悠悠琴声，右畔有梦中向往的校园的教诲，我的青春在河畔间一路流淌，一路低吟浅唱。

第一乐章　成　　长

我的成长伴着钢琴，我的钢琴伴着我成长。

像大多数学乐器的孩子一样，我在学琴初期是快乐的：有欢愉的《扬基歌》，有耳熟的《铃儿响叮当》，有温馨的《生日快乐》，简单而幸福的旋律就像我的童年。总能在小伙伴之前率先爬上树梢，在一天疯跑后找到回家的路，在轻松的校园学习后吃到妈妈做的饭，在月朗星稀的晚上伴着蝉声睡去。

只是幸福的日子走得太快。学琴枯燥的练习伴随着日复一日的

学习生活使我烦恼,单调乏味的音符、兴味索然的书本、一个人练习的苦闷,让我一度对钢琴产生反感情绪。如每个处在叛逆期的孩子一样,我拒绝一切不合自己意见的事物,砸琴键、撕书本、逃课。那段时间我的成绩也开始下滑,老师担心,同学不解。种种疯狂的举动背后,尽是妈妈无奈的目光。

转机出现在听到克莱德曼的钢琴曲后,虽然他的曲子并非古典大雅之作,但灵巧的双手勾勒出如梦如幻的境界。没有太多浮华的技巧,简单的和弦便营造出空灵与别致。《童年的回忆》是甜蜜,《水边的阿迪丽娜》是浪漫,《海边的星空》是深邃,《给母亲的信》是思念。伴着思考弹奏他的音乐,开始在生命中第一次有一种收敛自己情绪的意识。人说,能够控制自己情感的人是幸福的,我便从感性的琴声中获得了可贵的理性与幸福。弹奏着克莱德曼,重新正视钢琴的时候,便是我童年短暂叛逆期的终止。

步入高中,紧张的学习掠去了我大多的练琴时间,听音乐成了不多的消遣方式之一。听鲁宾斯坦,听基辛,听斯坦威钢琴如何诉说施特劳斯家族的故事,听云迪、郎朗步入北大百周年纪念讲堂。机缘巧合,从此我开始好奇北大。当我知道萧友梅、刘天华老先生也曾在此任教,当了解到北大的历史、北大的辉煌、北大一脉相传的人文底蕴,当认识到兼容并蓄、虚怀若谷、自由民主这些词汇背后所隐含的一个大学真正的精神与气息,我想我的青春有了流淌的方向。

感谢钢琴,在平淡的成长里给我多彩的际遇,让我对生活和生命有了更多艺术的理解,伴着乐声成长。

第二乐章 慰 藉

学长说,高三是一段近似梦魇的生活。那些书桌上越堆越厚的书籍,那些穿破窗棂照出粉笔尘的阳光,那些因为一道题目的对错而开心抑或悲愤的时刻,那些笔尖划破草稿纸发出的尖啸,都刻在每个人的心里。终于,我有幸得到北大自主招生笔试的机会,而我却紧张地一夜无法入睡,我知道抓住了机会意味着什么,更恐惧失去机会的话未来会变成怎样。深夜我翻身起床,借着月光摸到了钢琴边上,这个因为学业繁重而被淡忘的朋友像一个温存的老者,随时接纳孩子的到来。触碰琴键,奏出《悲怆》第二乐章,琴声中,那个不幸的人倾诉着他的内心。他像我,从来无法知晓今后会怎样,也像虔诚的信徒,惧怕世界末日的来临,然而音乐仍在流淌。

一路走来,生命中有或喜或悲的浮光掠影;有考场的失意,竞赛的失利;有情缘错落,亲人离去;有渐行渐远的背影,背叛和抛弃。但生命的步伐如音乐的节拍从不停息,无论是否符合主人公的心境,一切仍在继续。《悲怆》奏鸣曲第二乐章在经历了两个阴郁的主题后,以华丽的大调展现出生命最应具有的原始品质,对生活无比的热爱和希望。"大浪淘沙,方显真金本色;暴雨冲刷,更见青松巍峨。"音乐巨人双耳失聪被人误解,却仍激昂地按动键盘赞颂生活,勇敢前行。就像罗曼·罗兰所说,"世界不给他欢乐,他却创造了欢乐来给予世界。"

从哪里来?又要到哪里去?如果知道答案的话,生命便不是真正的旅途了。像演奏一支乐曲般对待自己的生命,当无法预知下一小节会出现什么音符的时候,将眼下的音符弹得圆润动听而又铿锵有力,便是对生之乐章最好的诠释吧。

于是我释然。揉揉惺忪的睡眼,迎着曙光,走向了北大自主招生的考场。然后看一月的未名湖,听大师的教诲,圆儿时探访北大的梦。琴声叮叮咚咚不断流淌,我明白了我的人生应该更加努力,越过高考,驶向北大。

第三乐章　心中的钢琴与北大

　　琴韵悠悠，书声琅琅。钢琴与北大被我珍藏在心灵最柔软的地方。

　　穿越百年，钢琴是一位勇者。面对林林总总的乐器，它低调的哼唱，88个琴键串成乐器里最宽广的音域，给演奏者无限可能的组合，又以包容谦逊的品质近乎完美地栖身于各种音乐场合。回眸过往，北大像一位智者，直视各种思潮动乱，他坚守内涵，以丰博的学识、闪光的才智、无畏的独立思想卓然屹立于苍天后土间。在音乐领域或学术思想领域，他们是真正的无冕之王。

　　钢琴与北大，相似的博大，相近的厚重，相仿的慈父般的形象，相同的青春的梦。向着青春的梦，一路前行。那些伴着书山题海沉沉入睡的夜，青春热血的沸腾从不敢停歇。子夜挑灯埋头的深更，有母亲的笑靥；闻鸡起舞迎寒风的清晨，有父亲的背影；春风得意欣喜时，任由心儿沉醉腾飞；困难挫败迷茫前，仍是青春年少的傲然无畏。

　　琴韵悠悠，书声琅琅。耳畔萦绕着《黎明》奏鸣曲，我走向了高考。《黎明》描绘的那撕裂黑暗的阳光，那带来希望的天使，还有潺潺流水，生机和希望，一直温暖着高三时期我那敏感的心。在高三最后的阴郁苍穹下，我轻轻摘下耳机，细心答题。我伸出双臂去试着拥抱北大那个柔软的梦。

封离别，新的乐章

　　假期，我终于可以没有顾虑地触碰亲切的琴键。黑与白单纯的颜色，随音律起伏，以一种慰藉而宽容的姿态，为我拂去高考的倦意。熟悉的旋律流淌，朦胧中映出了那年少无知的往事、不谙世事的时光。

翻阅书阁里藏着的旧琴谱，我不由停住了手，翻黄发旧的谱面折射着成长的轨迹跃动的音符像一个个精灵，肆意地撩拨着心弦，那是曾经的梦。

　　过往的日子，总有明媚阳光下天真纯洁的笑脸，有打破瓷碗后等待责备的惊恐，有考试得双百后一路狂奔的欣喜，有钢琴课不合格被小竹条击打手心的疼痛，有透过电视看到未名湖畔的悸动，还有张开双臂拥抱梦想的毫无畏惧……是呀，离开了他们，当新乐章的序曲响起，我便该北上，远远离开这些温存的记忆。喜欢华丽的大三和弦，灼眼却温暖，照耀着那些渐行渐远的背影，在记忆角落彼此遗忘。轻轻呢喃，你们，都还好吗？

　　有人说，长大是一个美好而疼痛的过程，记忆被一件一件丢弃，然后才会变得更加坚强。想起《暴风雨》中激烈而深刻的争吵，想起《热情》里激越近乎疯狂的呐喊，想起《十二平均律》描绘的湛蓝无染的寰宇，一路走来，我弹着琴，向着梦想前行。我想说，成长虽痛苦却并不残忍，虽感动却不感伤。离开了幼稚无知，我满载着钢琴带给我纯粹的情感和理性，走向北大。我想看到南方小城以外的天空是否澄澈依然，想知道大音希歙的教诲如何响遏行云，想追寻燕园里的"一塔湖图"，想亲近经典，想追求真知。

　　抬起头看满天的流光飞舞，闭上眼听心灵的莺歌燕语。那些稚气的眼眸，那些一同奋斗的岁月，三月的碧桃，六月的银杏，八月的紫薇，那些奔跑的足迹，那些汗水，那些风里的曲，曲里的梦，梦里的音符，交错纷呈。甜甜的迷惘，酸酸的彷徨，像一部无人放映的电影，拉长，拉远，最后消失不见。

　　当行文至此，我突然发现这篇文章像我成长的一个里程碑。写下一行行字的同时我也理解到，我即将离开家乡，一路北上。在这之前是韶华的过往，在这之后是青春的拼搏。愿将此文献给我珍忆的童年、少年、行进中的青年和挚爱的钢琴与北大。

　　手指再次触碰钢琴琴键，这回，该谱写属于自己的新乐章……

个人格言：我思故我在。

学习感悟：业精于勤，荒于嬉，行成于思，毁于随。

个人寄语：钢琴只有88个键，随便哪台琴都一样，它们不是无限的。在琴键上制作出的音乐是无限的，人才是无限的。

> 姓　　名：魏域波
> 录取院系：中国语言文学系
> 毕业中学：甘肃省嘉峪关市第一中学
> 获奖情况：06～09 年市级三好学生、09 年全国英语竞赛二等奖

心语·悟

高考结束了，我想化作一片云，在宁静广阔的天空里自在云游！

我想徒步旅行，只以最简单的装备，最坚韧的本能走上征程，完成一次修行！

以为第一次摆脱了樊笼，以为马上获得了新生，以为……

结果我不得不坐在家中，看曙光在房中由西墙挪到东墙，又暗自换作了昏黄。不得不看单调流逝的时光把幼稚的幻想件件摔碎，昔日的珍惜面目全非。郊区的一再复游勾起了我的渴望又无奈地把空虚扔给我，老家的几日逗留，在亲戚间将时光寒暄。我终于还是把大半的时间溺死在了城市、家中。有时候，我觉得自己是在无可奈何地溺死自己的青春。

我没有条件出行，我无法去到梦想的远方，去看一看、嗅一嗅那竹林、沧海、群峰万壑，无法将自己的足迹、心语埋在那广阔而渺茫的大沙漠。

每当这时我就感到难以遏止的焦虑与孤独。有时候想，时间是怎样把一个个的我从身上剥离，推到记忆深处。仅仅是一眨眼、一回首、一次举头凝望天空，我就被推到时光的前缘，而我的那一个个的我都不得不退到记忆中，或闪光，或等候，却不可挽回地越退越远，终成了那个眨眼的、回首的、在黄昏里凝望天空的我。我多想从记忆里唤出他们，我们信赖，向往，不再孤单。有时吟着：

全世界的弟兄们
要在麦地里拥抱
东方，南方，北方和西方
麦地里的兄弟，好兄弟
回顾往昔
背诵着各自的诗歌
要在麦地里拥抱

有时我孤独一人坐下在五月的麦地
梦想众兄弟
看家乡的卵石滚满了河滩
黄昏常存弧形的天空
让大地上布满哀伤的村庄
有时我孤独一人坐在麦地为众兄弟背诵中国诗歌
没有眼睛也没有了嘴唇

便想与海子紧紧相拥。好像陀思妥耶夫斯基写下的："是的，我们将复活，我们将彼此向往，将快乐地诉说过去的一切。"

时光抽着我内心的丝缕，剩下双手涔涔日渐空虚，无力挽、无力遮拦……

有时用颤抖的双手掬出一点光望望自己的理想，有时和哥哥坐在城楼垛口上静静地看夕阳沉入戈壁苍茫，有时也想想将到来的燕园生活，爱、忍耐、希望便流入心间。是啊"你无力偿还／一颗放射光芒的星辰／在你头顶寂寞燃烧"，有黑暗的阴影就必有光明的中心，睁开眼睛，黑暗的窗必开向光明。

其实空虚、焦虑是自己强加给时间以幻想的可能，并一味索要价值造成的。活力与奋斗是青年的力量，但焦躁便成了消耗。无疑，价值观念统治了世界许久，创造最大价值总是人们自然的愿望。由此而生的时间观念、竞争意识固然鞭策人们向前，但也不可避免地打压了宁静的心灵空间。分秒必争地计算生活便可能寸步难行、焦虑万分。

现在再读那句格言不禁潸然泪下，"永远不要哀叹，像树叶一样用一生绿着，然后成熟一个金色的梦。"唯有耐心成长啊！万卷书手中展读，万里路足下成行！

个人格言：读万卷书，行万里路。

学习感悟：人生易老学难成，一寸光阴不可轻。未觉池塘春草梦，阶前梧叶已秋声。

个人寄语：我们在风中游泳，寂寞成型。

姓　　名：李　根
录取院系：法学院
毕业中学：山东省泰安第一中学
获奖情况：北京奥运会火炬手、北京2008奥林匹克青年营营员、两项发明获国家专利、第25届全国中学生物理竞赛三等奖、第23届山东省青少年科技创新大赛一等奖、山东省省级优秀学生、山东省省级三好学生、泰安十佳中学生、泰安市思想道德建设十佳学生

见　证

青春如此珍贵，它溶解了欢笑与悲伤，然后析出了成长的印记。它是青涩脸颊上期许良久的会心一笑，它是君子以自强不息的慎独自律，它最终见证了我十年磨一剑后静观庭前花开花落的释然心境。

梦·行走·霜刃未试

单调的路线，重复的脚印，真实地见证了求学生活的点滴；追逐的比拼，激昂的誓言，生动地折射了平凡生活的热情。十年前的北大之旅，让我领略了巍巍博雅，融融未名，燕园之门，应扣而开。憧憬中的北大以召唤的姿态告诉我，天行健君子以自强不息，地势坤君子以厚德载物。于是，一个梦的心灯点亮了。

我喜欢不断行走的充溢感，让岁月变得绵远悠长。难忘四岁时与钢琴的初次邂逅，六岁时与电脑的相见恨晚，十岁时与篮球的亲密无间，这三棵种子早早地在我的心灵里生根发芽。岁月度过，三棵希望之树一直生长不息，点缀着圣洁的心灵花园。哦，这三棵希

望之树见证着我找到了艺术情怀、缜密逻辑和激情活力。

路·誓言·痛并快乐

如果说儿时的生活是一瓶美酒、一首童谣，那么中学时光便当仁不让地成为其最优品味的浓缩、最绚烂的高潮。曾记否，盛夏光年，当大家享受轻松生活的时候，我奔走于科技园的里里外外，为一个微型气泵往返于大街小巷；曾记否，寒冬深夜，当大家正享受家的温暖之时，我独自奔跑于静谧幽深的环山之路，挑战身体的极限；曾记否，青春见证，刻下誓言"绝不心存侥幸，坚信厚积薄发"，描摹那汗水与泪水点缀的音符，演奏那紧张急促高亢悠扬的乐章！于是，2008 年的科技创新大赛一等奖有了我的一份；于是，神圣庄严的奥运圣火被我高高举了起来；于是，梦寐以求的北京大学录取通知书被我含泪抱在怀里，久久无法释怀。一个个被泪水浸过的画面和一幕幕光芒四射的片段见证了我在梦想彼岸获得的涅槃。人之一生，苦也罢，乐也罢，要紧的是曾经无悔的拼搏过。时时静悟，从容走过，青春之美，在于拼搏。

情·感恩·迟泪沾裳

怀揣感恩的心、珍重的情，触摸老师的鞠躬尽瘁、同学的同舟共济，面对日削月割的离别时刻，那段泪与笑交织的岁月，它们见证了我成长中最感动的一切。人生需要着眼千里之遥，却万不可忽视脚下之路。从一个辉煌奔赴下一个荣光，道路两旁是那平淡无华的素面生活。那一个个削好皮的苹果，浓缩了母爱的温暖；恩师三个春秋的浇灌，把人格教育作为最高准则，树立了一座伟岸的丰碑；同学们团结一心，每一次促膝长谈，每一张爽朗的笑脸，每一句推心置腹的鼓励，为高三黑白的岁月涂上了鲜艳的色彩，见证了友情乃至亲情的最高升华。

如此盛夏光年，见证着我们梦的开始，踟蹰于人生道路的分岔口，标记离别与相逢，分岭终结与重生。寒窗苦读的辛酸在这个火热的盛夏画上了一个完美的句号，悸动的青春在这个盛夏开始了一段新的征程。断章如诗，微光雀跃，未名博雅，湖光塔影，燕园之门，已然打开……

　　个人格言：木秀于林，风必摧之。
　　学习感悟：有时按部就班也是一种智慧。
　　个人寄语：不要奢求别人无端的赞美，尊重是你用能力和魅力赢来的。

家长篇

参考論

家长姓名：宋　丹　辽宁省兴城市妇联
学生姓名：高可言
录取院系：信息科学技术学院
毕业中学：辽宁省实验中学
获奖情况：全国高中生化学竞赛二等奖

我为儿子插上飞翔的翅膀

有人说，孩子是父母的作品，从形象到品味到人生。18年来，我陪伴着我们的"作品"成长、成熟，为他插上飞翔的翅膀，享受着他成长的快乐，聆听着他生命花开的声音。

我们的家在一个县城，可言的父亲曾经是边防军人，工作繁忙，较少顾家，培养可言的任务自然地落在了我的肩上。回望18年母子牵手走过的人生路程，几多回味，几多感慨……

"做孩子一生的榜样"，这是我为人母十几年后送给自己的一句话。每每看着儿子的一言一行，有着太多我的影子、我的做派：追求完美、守时守信、和善友爱、偶有拖沓、市民思想、急功近利、不够硬朗等，想完善都不知从什么地方下手，这让我很害怕，害怕把不好的人生方式传给他，害怕不能给社会培养出一位合格的公民。曾在一篇文章中看到的一句话令我感触颇深：中国的父母都是自然生长的，没有任何学校任何学科做过任何系统辅导，但所有人必须自学成才。很少能有人从做父母时就意识到会有一个人被动地潜移默化地被你影响着，从生活习惯到人生观念到待人处事，每个家庭的模式里都会走出一个与众不同的人。从那时起，我和可言的父亲尽量在孩子面前有意识地表现"崇高"：对社会看主流、对家庭讲奉献、对父母尽孝道、对工作用全力、对社会献爱心。儿子在我们所营造的氛围中健康地成长，顺利地度过青春期，没有忧郁，没有偏见，没有逆反，健康、奋进、阳光、可爱的大男孩走进了18岁。

从好习惯开始人生。可言小学三年级以后，除了较大的事情家长过问之外，其他事情我们都已经处在掌控之中，不再具体过问。这取决于他幼年时期形成的良好习惯，总结起来，我有意无意地用"赞赏法"培养他对知识的兴趣；用"重复训练法"培养了良好的生活习惯；用"固定模式法"培养了他自觉的学习习惯；用"情景演示法"教会他基本的人际交往常识。在习惯养成的过程中，我注重身传、帮带、监察："传"的时候要讲得透彻，该怎么样，不该怎么样，为什么要这么做，还可以怎么做；"带"的时候不断演示，要有耐心；"察"的时候要求一致，坚持经常，以循序渐进的方式逐步形成生活学习的各种习惯。良好的习惯使可言对学习充满了兴趣，享受学习的过程，快乐地实现卓越，他在生活中养成了很强的时间观念、节约的生活观念、良好的卫生习惯。儿子自小养成的好习惯让他受益一辈子，让我轻松后半生。

在欣赏中慢慢长大。我常常用最柔软的心对待可言，用充满爱意的眼神望着他，有时故意在他能听得到的时候向别人夸奖他。在每一个生活中小小的进步，在每一次学习中取得的点点成绩，在每次遇到问题犯了错误讲明道理之后赞赏他，发自内心地表达自己对他的喜欢。他就在这种被喜欢、被欣赏、被认可的氛围中长大，从小表现出优秀的学习品质和健康向上的人生态度。在小学时可言被同学们称为"获奖专业户"；在初中时可言被同学们誉为"精神领袖"；在高中时可言被师生们称为"小老师"。即使在他很小的时候我也很少把他当做孩子，他从小就是我的朋友——小朋友、大朋友、好朋友，有事我们一起商量，可行的说出理由，不行的讲明原因，错误严重的时候，以语言、声音表示，尽量不动手脚，有问题集中谈，尽可能地减少发脾气的次数。可言在和谐的氛围中长大，品格高尚，性格开朗，心态平和。

做儿子的家庭CEO。在工厂里产品的好坏在于企业的负责人，在家庭里孩子表现得好坏在于父母，而父母要把自己的"产品"打造好，只给孩子当保姆、做朋友还不够，还要做孩子的好"老板"、家庭的CEO。可言与同龄的孩子一样3岁上幼儿园，6岁上小学，在学业的选择上，我们从他的兴趣和发展目标出发，做好他的人生导师。在小学三年级前可言在一个绘画特长班，四年级以后他喜欢上了计算机和奥数，我及时与学校沟通为他调整了一个班级，后来他参加了学校的计算机活动小组和奥数选拔赛，都取得了优异的成绩。

初中，可言既当学生会干部，又当班级团支部书记，成为老师的助手，同学们的"精神领袖"，学习成绩始终名列班级前三名。学习没有压力，自然就没有动力。在他初二即将结束时，我突然想明白，在一个群体水平不强的群体中，选手很难自身强。我和可言父亲商量把他转学到地区最好的一所初级中学，争取考到当地最好的高中，这种做孩子可能会有压力，但只要他愿意去，就能够战胜困难。我们把这件事的利弊讲给可言，让他自己决定。经过两天的综合分析比较，他同意离开熟悉的校园、师生、朋友，去葫芦岛实验中学读初三。我们很快在离新学校很近的地方租了一套房子，我们的家搬到了葫芦岛新区。面临新的环境，新的老师、同学，还有新的学业，我感受到他的压力很大，他不再忙于事务性工作，而是全身心地投入到学习中。一年中，可言给了我无数次的惊喜，他的成绩从百人榜第十五名到中考第二次模拟的年级第一，成绩直线上升，在这个成长过程中他总结出更好的学习方法，找到了自信，学会了与老师、同学交流，结交了很多新朋友，带着必胜的信心他走进中考考场，最终可言以葫芦岛市中考第一名的成绩被辽宁省实验中学录取，后考入理科实验班。

将15岁的孩子送到举目无亲的城市住校读高中，我实在舍不得。可言坚持要去，他谈三点理由：到更好的学校去，与更强的同学做朋友；到更大的城市去，开阔眼界，增长见识；到陌生的环境中去，学会独立，学会自理。我们全力支持他走进了省实验中学。

2008年9月，可言参加了辽宁省高中生化学竞赛，获得省赛区一等奖的第五名，入选辽宁省队。11月要去吉林大学集训两个月，2009年1月要在西安的陕西的师范大学比赛。此时其他同学已经进入了紧张的高考复习，到2009年1月第一轮复习已经结束，2009年1月初还面临着各高校的自主招生、保送生考试。是放弃竞赛参加复习，还是参加竞赛自己复习，两个选择都很难，后者风险更大。我们给可言分析：放弃竞赛，今生遗憾；选择竞赛，如果成绩不理想，只能用四个月的时间复习高考，压力很大；边参加竞赛，边复习是唯一的出路。为了少些遗憾他选择了参加竞赛，边集训边自己复习。最终可言在全国高中生化学竞赛中获得二等奖，北京大学保送生考试、浙江大学自主招生考试顺利通过……

如果可以重新把可言从小培养一次，我会在他很小的时候让他与更多的同龄伙伴玩耍，更多地亲近自然；在他上小学的时候陪他去学一件乐器，受到音乐的熏陶；在他更大的时候，让他游遍祖国大好山河……

朋友们都说我们家飞出了"金凤凰"。儿子真的要飞了，那翅膀里有我们注入的目标和能量，坚强和自信。祝福他飞得更高、更远……

家长寄语：父母是孩子的工程师，这个工程要用一生来完成。

家长姓名：张慧君　海南省海口市秀英区人大常委会
学生姓名：梁　优
录取院系：心理学系
毕业中学：海南华侨中学

好孩子是教出来的

走进燕园，是每一个学子孜孜以求的梦想，更是所有望子成龙的家长对孩子的期待。当孩子接到盖有鲜红的"北京大学"印章的录取通知书时，作为母亲，那一刻的心情难以言喻。孩子终于要展翅高飞了，我也终于实现自己多年的夙愿了！

回想陪伴孩子成长的点点滴滴，我深刻地感受到：好孩子是教出来的，每一个孩子都有可能走进燕园，家庭教育在孩子的成长中起着至关重要的作用，但在孩子成长的不同阶段，对孩子教育的侧重点必须有所不同。

一、婴儿期（0~3岁）：培养孩子的学习兴趣，教会孩子正确的是非观念，让孩子学会利用"游戏"规则。

梁优出生后，从医院一抱回来，我就将他的摇篮放在离音响较近的地方，播放一些世界名曲或有大自然声音的音乐，有空的时候，就对着他说："梁优，听到鸟叫了吗？"没空的时候，就让他自己听。在他六个月大的时候，我开始教他认识每天能看到的各种东西，如电视机、电灯等，让他听董浩叔叔讲故事。八九个月大时，则开始教他认字，走到哪教到哪，如在路上走时看到各种各样的广告牌，我就教他认广告牌上的字；我看书看报时，就抱他坐在我腿上，教他一些与日常生活有关的字；去医院看病时，趁着排队等候的机会，教他认医院每间屋子门口挂着的门牌；我还去书店买一些书籍回来，教他看图和认字。于是在耳濡目染中，他对认字有了浓厚的兴趣。那时候，每当他哭闹时，我只要说一声："梁优，认字!"他马上就停止哭闹，立即跑过来认字。就这样，梁优不到1岁，就认识了100多个汉字。大约从1岁开始，我就教他自己看故事书、自己用录像机播放动画片、用音响播放故事与音乐。二三岁时，我经常带梁优去菜市场买菜，让他计算该付多少菜钱，该找回多少零钱。他算得又快又准，常常受到人们的称赞。

事实证明：学习兴趣的培养，学习习惯的培养，尤其是自学能力的培养，为他以后的学习奠定了良好的基础。

在婴儿期，教会孩子正确的是非观念非常重要。让孩子明白什么是对的，什么是错的；什么可以做，什么不可以做。如我们教孩子将垃圾扔进垃圾桶，横过马路要走斑马线，遇到红灯要停下来，要尊敬长辈，自己的事情要自己做等。记得有一次带梁优去逛商场，他拿着吃完冰淇淋后的纸筒，走了一大圈后，突然快步跑开了，我们没明白是怎么回事，原来他看到了一个垃圾桶，去扔垃圾了。当时他好像才1岁多（梁优11个月就可以独立行走了）。

在婴儿期，还必须教会孩子认识规则，让孩子学会利用规则。梁优3岁以前，曾在爷爷奶奶家生活过一段时间。由于爷爷奶奶的过分宠爱，我周末接他回家时，忽然发现一向很讲道理的梁优，有时竟然会耍赖。于是，我将孩子接回来自己带，改变教育方法，凡事先和孩子说清楚规则，以及违反规则所要承担的后果。至于究竟选择怎样做，由孩子决定，不强迫他接受我的观点。后来，在孩子面临是不是需要耍赖的选择时，孩子几乎每次都会选择对他有利的行为方式。从此，孩子逐渐知道了，什么是规则，该如何利用规则，也就不会再耍赖了。

二、幼儿期（3~6岁）：让孩子学会爱，学会宽容。

梁优小时候体弱多病，总得上医院，我们都被他弄得有些神经质了。但不管我们有多累，只要发现他有一点不对劲，都马上硬撑着去照顾他。父母对他无微不至的关心和爱护，无形中在他幼小的心田播下了爱的种子。在他 3 岁多的时候，有一次他奶奶告诉我：有一天看到奶奶生病躺在床上，他便走到奶奶的床前，问奶奶哪儿不舒服，好点了没有，让奶奶感动得一塌糊涂。我知道情况后，马上表扬了梁优，肯定并鼓励了他的这种做法。后来，他只要看到我在不该睡觉的时间躺在床上，梁优一定会走到床前，问我哪儿不舒服，要不要吃药？如果需要吃药，他会去帮我倒开水，让我很感动。在幼儿期让孩子学会爱，让孩子学会关心别人，将对孩子的一生产生不可估量的影响。

在幼儿期，让孩子学会宽容，也是非常重要的。可能是平时看到我们对人对事都很宽容，都站在别人的角度思考问题，事事都替别人着想，梁优在上幼儿园期间，发生了一件让我都深感自愧不如的事情。一天傍晚，梁优从幼儿园刚回到家，我忽然发现，儿子的下巴下面，裂开一道长长的口子，虽不再流血，但口子里已填满了血痂和泥沙。梁优告诉我，是幼儿园的一个小朋友，在玩滑梯时，将他从滑梯上突然用力往下推，梁优年龄小，个头也小，一下子就狠狠地摔了下来，被沙坑里的东西割伤了下巴。那个小朋友虽然非常调皮，但当时也吓得不得了。老师也吓坏了，不敢打电话告诉我，用幼儿园的简陋设备，对孩子的伤口，做了简单的紧急处理。我心痛极了！赶紧带孩子到楼下的诊所，作应急处理。从海南农垦医院退休的老医生，一边为孩子清理伤口，一边对我说："幸亏来得及时，否则，在这炎热的夏季，伤口感染发脓了，就很麻烦了。"孩子一边忍着用酒精从伤口一点一点地清除血痂和泥沙的剧痛，一边对我说："妈妈，阿旭（那个闯祸的小朋友）也不是故意的，他是不小心，老师当时也为我清理了伤口。"看着懂事得与其年龄不相称的儿子，看着儿子在忍着剧痛的情况下，怕我去找那个小朋友和老师的麻烦，而说出的令人不能不心痛的话语，我不禁泪流满面……

三、少年期（6~12 岁）：在孩子心里种下梦想的种子，并培育它生根、发芽。

不记得是哪位哲人曾经说过:"人类因梦想而伟大。""未来属于那些相信他们美好梦想的人。"

在对孩子的教育中,我们非常重视"理想教育",很少将自己的想法强加给孩子,也很少对孩子指手画脚、说教连篇。我们通过让儿子从小阅读《中华英杰》(全套40本)等名人传记和许多有关成功学的世界名著,或是将孩子带到特定的场景中,比如北大清华的校园,让孩子受到知识的熏陶和环境的感染,从而萌生出某种积极向上的梦想。在孩子追梦的过程中,一方面,不断地强化孩子的梦想,让孩子时刻记住自己的目标(上北大清华是梁优在小学五年级寒假期间,游览北大清华校园后为自己所确定的目标);另一方面,适时给孩子提供必要的指导和帮助,让孩子能有机会体验到成功的乐趣。

从梁优上小学开始,我们就培养孩子的忧患意识,让他将自己的前途与命运和祖国的需要、人民的利益紧紧地联系在一起。我们给他讲国家所面临的国际国内的严峻形势,讲国家现在所面临的困难,国家急需哪方面的人才等;我们带他去做义工,去慰问贫困户,去感受百姓疾苦;带他在互联网上畅游名校,在未名湖畔驻足,在清华园留影,在"精忠报国"的牌匾前,重温岳飞的理想和抱负……一切的一切,都是为了让儿子从内心深处,产生积极向上的原动力,拥有自己必须通过不懈的努力才能实现的梦想,从而使儿子为了实现自己的梦想,积极主动地去充实和提高自己,去刻苦学习各种知识和技能。

四、青春期(12~18岁):细心呵护孩子的自尊心,帮助孩子成长。

2003年下半年,刚上初一的儿子已经迷上了电脑而不能自拔。他整天泡在网上,玩电游,聊QQ,写长篇小说,还在蓝天中学生作文网任版主,自己制作学习网站,让他的各科科任老师到他的网站申请当版主……总之，他除了上课和睡觉之外，其他时间全都用在网上。我们看在眼里，急在心里，还不能轻举妄动，打又不能打，骂又不能骂，简直急死人了。因为这个时期的孩子，正处于青春期，不但叛逆，而且不愿意与父母交流。家庭教育稍有不慎，可能就会酿成恶果。于是，在那年冬天，我给他写了一封信，并发表在蓝天中学生作文网上。在信中，我历数玩电脑的危害，苦口婆心地劝说他远离电脑，而把主要精力投入到学习中。

我知道每天必上蓝天作文网的梁优一定看到了这封信，但他什么都没说，每天还是离不开电脑。进入初二时，我和梁优就如何处理玩电脑和学习的关系问题，认真地谈过几次心，梁优也决心慢慢远离电脑。可是，每天一放学他还是不由自主地坐到了电脑前，不到万不得已，必须要起身写作业了才离开电脑，甚至写作业时还在想着如何冲关，该购置什么样的装备。这样，梁优一向优异的成绩，开始直线下滑，滑到了惨不忍睹的地步。于是，进入初三前夕，我和他又进行了一次长谈。在他实在没法摆脱网瘾的情况下，我试探性地建议他住校，让他与电脑之间实行物理隔离，他同意了。在他住校后，我总是想方设法去学校看他，给他送点我专门为他做的、他特别喜欢吃的饭菜去。就这样，梁优在我们的爱心感染下，通过物理隔离，慢慢摆脱了网瘾，学习成绩又回到了正常轨道。

可以说，在帮助梁优成长的这些日子里，尽管我们很苦恼，却从来没有责怪过梁优一句，更没有打骂过他，而是小心翼翼地呵护他的自尊心，想方设法地帮助他快乐成长。如果所有的家长都能像我们对待梁优这样对待孩子，那么，孩子误入歧途，走上弯路的机会就会少很多，孩子成为名校学子的机会就会多很多。

孩子是上帝赐给我们的宝贵财富。将孩子培育成才，是我们每一个为人父母者义不容辞的责任。每个孩子都是天才，只要倾心付出，一定会有丰硕的回报。在羡慕别人家的孩子听话、乖巧、考上名校的同时，一定要对自己的孩子付出更多的爱心和耐心，好孩子是教出来的！一分耕耘一分收获。只要你重视孩子的家庭教育，并且善于用正确的方法教育孩子，孩子一定不会让你失望！

家长寄语：好孩子是教出来的！

> 家长姓名：石江波 宜昌大华医药器械有限公司
> 　　　　　鲁永莲 湖北省枝江市中医医院
> 学生姓名：石　汧
> 毕业中学：湖北省华中师范大学第一附属中学
> 录取院系：生命科学学院
> 保送类型：生物竞赛保送
> 获奖情况：2008年全国中学生生物学联赛（省级赛区）一等奖、
> 　　　　　2008年全国中学生生物学竞赛一等奖

注重引导，培养习惯，打开孩子的成功之门

百年燕园，未名湖畔，长期以来为无数学子所向往，为无数家长所仰望。作为即将迈进北大校园的学生的家长，回想着和孩子一同走来的艰辛、一路收获的经验与教训，欣喜之余更多的是感慨。

一、"少成若天性，习惯成自然"

孩子从幼儿园到小学阶段，正处于天性好动、充满好奇心的成长阶段，因此在此期间应该注意培养孩子的生活和学习习惯，使他在保持天性的同时建立健康向上的生活态度。

首先，要培养孩子养成有规律的生活习惯，使他具备粗略的时间概念。根据儿童的特性，我们正确引导孩子观看电视节目，我们为他选择了时间长短合适、利于学习的电视节目，如《人与自然》、《科技博览》、《环球见闻》、《军事天地》等，时间一般在15~30分钟，这些节目每天播放时间固定，知识面广，能满足孩子的求知欲，激发他对学习的兴趣。

其次，要培养孩子自觉、主动、积极的学习习惯。我们对孩子的要求是在读小学三年级之前，家庭作业完成后由家长检查，并指出错误，在读小学三年级以后家庭作业则由自己检查，发现错误及时更改，家长只负责签字，看是否完成。我们这样要求的目的是重在培养其责任心，让他养成今天的事情今天完成的习惯。同时作为家长的我，在努力提高自身素质的同时，重身教，少言教。记得当时由于我的工作原因，经常不能按时下班，有时加班到深夜，但我坚持无论我多晚回家作业都由我亲自签字。另外在繁忙的工作之余，我还参加自学考试长达三年之久，无形中使他对学习有了更进一步的认识，使他认识到学习是一个持久的过程，这样对他良好学习习惯的形成取到了促进作用。

第三，通过多方面兴趣、爱好的培养，提高孩子的综合素质，避免孩子成为只会读书的书呆子。我们利用课余时间为孩子安排了绘画、小提琴、游泳等课程，对于这些特长学习我们不要求他达到很专业的水平，仅作为调节学习状态的一种手段，所以他总能保持浓厚的兴趣，而不认为是负担。在随后参加的各种兴趣比赛，如电脑制作、小提琴演奏比赛等他都取得了一定的成绩，站上领奖台的他明白了除了学习成绩以外其他技能同样能给人生带来精彩。

第四，引导性地培养他独立分析问题、解决问题、正确处理问题的能力。比如对于电脑的使用绝不无端限制，而是正确引导，规定上网时间，培养自制能力，通过网络、电视的正确使用，使孩子的知识面拓宽。

二、"同言而信，信其所亲；同命而行，行其所服"

己所不欲，勿施于人。中学阶段，孩子对事物和环境有了自己的认知，具有一定的情感评价能力，对他所处的环境，尤其是他所熟悉的环境中显现的情感氛围有强烈的敏感性，所以营造一个和谐的家庭环境尤为重要。

我们家采用的是既民主又相对集中的家庭教育方式，一开始就有具体分工并要求家庭成员尽量做到统一。在我们家对孩子的教育主要由专人负责，其他家庭成员只做辅助工作，而且不能随意强加给孩子任何观点，避免他在观念上混沌不清。"同言而信，信其所亲；同命而行，行其所服。"关系亲密的人所说的话，敬佩的人所发出的指令，最容易让人接受。我们家的这种家庭教育方式使他能将遇到的任何事情都向我倾诉，这样我就能准确地掌握他个性发展的特征并及时纠正。记得初中入学考试时，由于孩子的成绩不太理想，他有些沮丧，小升初的转折，好像给他打击很大。我从中分析了一些原因，告诉他："别人利用假期补习了初中课程，比你考得好不奇怪，我相信你通过自己的努力一样也能取得好成绩的。"这次谈心使他解开了心结，他不再为那次考试没有考好而懊恼。经过一个月的学习，他在月考中考了年级第一名，这次成功使他坚定了只要努力就有可能取得成功的信念，也让他明白了生活中有鲜花、有荆棘、有笑靥也有哭泣的道理。

三、"千里之行，始于足下"

坚持一步一个脚印，踏踏实实的学习，一直都是我们对孩子提出的要求。初中毕业后孩子来到新的城市，体验着崭新的高中生活。作为父母的我们因为工作关系不能陪读，这就要求他要独自面对很多问题。但我们在关键时刻也会及时伸出援手，给予他来自家庭的支持。为了竞赛，他爸爸毫不犹豫地放下生意，在考试前后为孩子减压，帮助孩子取得了满意的成绩，朝着新的目标迈出了坚实的一步。

人的禀赋与生俱来，人的素养是在先天与后天的共同作用下形成的身心发展的总水平。每个孩子天性中都有能够使他获得成功的性格要素,作为家长,发现并培养孩子们这些性格要素,引导孩子纠正弱点和不足,注重培养习惯,因材施教,才能为孩子的成长找到正确的轨道,为孩子打开成功之门!

家长寄语:家长要尽其所能地给孩子一个温暖的家、营造一个和谐的生长环境,让孩子沐浴着温暖的阳光茁壮成长。

> 家长姓名：滕海英　烟台市公安局福山分局
> 学生姓名：刘　腾
> 录取院系：法学院
> 毕业学校：山东省烟台市福山第一中学
> 获得荣誉：2009年荣获山东省"三好学生"荣誉称号、国家二级运动员

人人有才，人无全才，因材施教，个个成材

我与儿子携手圆梦北大

孩子以优异成绩考取北京大学，我感到很欣慰，家人也感到无比的高兴和自豪。一时间，街坊邻里不时投来羡慕的目光。我想，这不仅仅是孩子和家人的骄傲，也是老师和学校的骄傲！一直以来，同事和朋友总是在问我是怎样教育孩子的，我总是用"顺其自然"搪塞了之，但思来想去觉得还是应该把自己"感受家庭教育的苦与累，饱尝孩子成长的酸与甜，分享孩子成功的喜与乐"的点滴经验整理出来，如果对老师和还在上学的孩子们的家长稍有帮助，也算是尽了一点社会责任。

树立正确的成材观，激发孩子的梦想与期望

随着社会的发展，人们的思想每天都在发生转变，但是有一种观点从未受到外界的影响，那就是人们自始至终都深信不疑且代代相传的——孩子永远是自己的。正是秉承着这样一种观点，很多父母不自觉地就会将孩子当成了自己梦想与期望的实现者。古人希望自己的孩子光宗耀祖，登上仕途；老辈人希望自己的孩子脱离贫困，

不再受穷；而现在的家长则希望自己的孩子能考上理想的大学，再也不必像他们一样为了生活而奔波劳累……

正是在这样一种观念的支配下，我一度总是以自己的方式和想法去要求孩子，为了能让他了解学习的重要性，每天耳提面命，不厌其烦，却忽略了孩子成长过程中思想上的成熟。儿子从小喜欢打篮球，并且身体素质各方面都不错，打球占据了他的大部分课余时间。高中一年级，儿子由于打球不慎造成肌肉拉伤耽误了功课，成绩一度下滑。当时，他无论何时都不太愿意提及学习这个问题，甚至曾选择用上网、打游戏的方式来回避。为此，我常常和儿子发生摩擦，一见面就向他抱怨父母的不容易，他应该好好学习才能对得起父母，然而，效果却适得其反。

后来，经过与许多学生家长交流、沟通、反思，我终于想通了：让孩子实现梦想和期望本身是好事，但我们家长要明白，这个梦想与期望不是父母的。毕竟时代不同了，大环境的改变使高中生的思想也在发生着变化，生活在当今社会中的他们不可能再"两耳不闻窗外事，一心只读圣贤书"。对于高中生，他们明辨是非的能力的确还不强，他们的一些想法也还尚显稚嫩，但是这并不表示他们没能力，没想法。如果作为家长就此忽略了孩子的能力和想法，而把自身的想法强加给他，让孩子成为自己梦想与期望的实现者的话，那么和子女间的沟通将会越来越难。到那时，如果连沟通都不能进行，就更谈不上梦想的实现了。家庭教育的目的是让孩子成材，成材的道路千万条，条条道路通罗马。与其让孩子在压力中挣扎，不如让他为梦想而奋斗。而且，如果孩子们习惯了父母为自己安排好生活，为自己做好打算，等到将来父母想放手，可孩子却不知如何是好时，父母们又该作何感想呢？

经过与儿子的反复分析、沟通，最终我们与孩子一起确定了"兼顾学习成绩，发挥体育特长，实现北大梦想"的目标。在这一目标的激励下，儿子学习热情高涨了，学习成绩上去了，体能素质水平也突飞猛进,今年终于凭借其在划艇竞赛中得天独厚的体能素质和灵活协调能力如愿以偿地被北大认可并录取。所以,我认为当亲子间的想法不一致时,经常提出建设性的意见,要比天天耳提面命的唠叨好得多。只有尊重孩子,孩子才会更加理解父母,当他遇到问题和困难时,才会积极地想要和父母沟通,征求父母的意见。尊重是一个双方获益的过程,将孩子的想法当成建议来考虑,梦想和期望才会真正被实现。

让孩子感受父母的付出和爱,培养孩子的感恩意识

很多孩子认为家长对其的付出和爱是理所当然,不存在感激和回报。其实,我认为:一个孩子缺少对父母的感恩意识,是家庭教育的失败。让孩子感受到父母的付出和爱,培养他们的感恩意识是家庭教育的重要内容。

为此,一方面,我教育孩子要学会理财,养成记录收支的习惯。新时期要求我们在学会学习、学会做人、学会做事、学会合作的同时,也应该学会理财。养成记录收入和支出的习惯,就可以将自己的财富用在"刀刃上",把自己的生活规划得井井有条,而不会由于金钱问题而时时捉襟见肘,疲于应付。学会理财,也就是学会规划人生,会理财将会使孩子的一生受益无穷。

另一方面,要让孩子参加一些劳动,让他尝试去赚钱,让他了解金钱来之不易,是必须通过劳动才能获得的。这样做有利于孩子养成勤俭节约的习惯,也有利于培养孩子的感恩意识。有一颗感恩的心,是家庭教育取得理想效果的有力保证。

让孩子在夸奖声中成长,培养孩子的责任感

"严是爱,松是害",千百年来,家长教育孩子,老师教育学生,说得最多的也是"严格要求"。的确,严格要求对孩子的健康成长有重要的促进作用,能够使孩子按照成人理想的模式发展,少走弯路,这方面有不少成功的范例。但是对"严格要求"的负面影响是不可忽视的。在对孩子"严格要求"的同时，也要重视过于"严格要求"的负面影响。过于"严格要求"会使孩子习惯接受，不会批判地思考，个性丧失，创新意识淡薄，甚至有的孩子心灵会受到压抑，最终导致性格孤僻，过早地失去了童真。所以我认为对孩子的教育，应该严格，但更多的应该是宽容。严格不是苛责、苛求，应该是严而有度、严而有序、严而有理；宽容不等于放纵、放任，不等于对孩子的问题视而不见，不等于可以原谅孩子的所有错误，宽容更多的是对孩子感情、心灵上的宽容，让孩子有健康的心态在宽松的环境下接受严格的教育。

现在有句流行的教育名言：好孩子是夸出来的。初听的时候人们都很激动，频频称道，甚至被奉为经典。可是，一旦自己的孩子犯了错误，家长们却瞬间又回归到中国最传统的教育模式——棍棒出孝子，即使不用棍棒，也免不了一顿冷嘲热讽或是一场绵延几天的思想政治教育。其实仔细想想，成人都不愿意别人当面指出自己的错误，不愿总拿自己与他人比较，要顾及自己的尊严，孩子不也是一样的吗？这就要求父母要能够将严厉的斥责温和化，把解决当前问题作为批评教育的目的。想要发脾气时，家长要学会缓上三分钟，心平气和地摆事实讲道理，而不能用称赞别人的方法来刺激自己的孩子，要让他们意识到父母温和的批评是为了顾及他们的心情和感受，是对他们的信任，而不是不敢批评或不愿批评。这样，他们才会坦然地接受父母的批评，教育的最终目的才能达到。

恰当的赞赏与批评，能够拉近孩子与父母间的距离，让他们感受到父母的爱。一句赞扬的话，一个赞许的眼神，一个赞赏的动作都能使孩子昂首挺胸，面带微笑，自信地在人生的道路上走下去，这将是一笔无价的财富。所以父母一定要学会合理地运用赞赏与批评，多夸奖自己的孩子，将会使自己和孩子都受益无穷。

赞赏固然是重要的，但只赞赏不批评也是不可行的。人无完人，孩子每天都会犯各种各样的小错误。这个时候,家长就不能只单纯地用赞赏的方式教育,必须要辅以批评才行,但批评也要讲求方法。无论孩子犯了怎样的错误,批评时都要就事论事,不要揪住不放或是攀比讽刺。这种情况在高中生的家庭教育中多有发生。明明是一个很小的错误(比如未按时回家),却能够让家长们联系到从前的种种不好行为,进而将以往的错误全都细数一遍,最终归结到影响学习这个话题上。并且家长在批评的过程中,常常拿其他孩子与自己的孩子相比,直到说得孩子遍体鳞伤为止。下次再出现错误,又是老生常谈,难怪学生常说,他们现在几乎可以把父母批评的话倒背如流了。而每当父母又要说教时,孩子们就会出现不耐烦的逆反心理,双方的关系也会因此变得紧张僵化。

学会做孩子的知心朋友,关注孩子的心理健康

家庭教育的成与败,一个很关键的工作就是家长要懂得尊重孩子,学会做孩子的知心朋友,要注意保护孩子的自尊心,帮助孩子树立自信心,教育孩子学会理解人、关心人,这样孩子才会有良好的人际关系,给自己一个和谐的学习环境。

关注孩子的心理发展,有些问题要在平时的闲聊中,把家长的观念潜移默化地传输给孩子,而不要等到发现问题了,再采取粗暴武断的教育方式。比如早恋问题,家长可以在平时看电视或谈论某个熟人的孩子的早恋问题时,表明自己对这个问题的态度,使孩子懂得未来发展都是未知数,这时候谈恋爱很容易处理不好,那样既影响了学习,又会给未来的爱情生活埋下阴影。

家长寄语:人人有才,人无全才,因材施教,个个成材。

> 家长姓名：戴　俊　松下电器（中国）有限公司
> 学生姓名：戴茗菲
> 录取院系：光华管理学院
> 毕业学校：北京市中国人民大学附属中学
> 获奖情况：2008年全国高中数学联赛一等奖、2007年全国高中数学联赛二等奖、2007年北京中学生高一年级数学竞赛一等奖、第25届全国中学生物理竞赛北京赛区预赛二等奖、第9届北京高中数学知识应用竞赛一等奖、第9届北京高中数学知识应用竞赛数学知识应用论文一等奖、第10届北京高中数学知识应用竞赛一等奖、第10届北京高中数学知识应用竞赛数学知识应用论文三等奖、第20届北京高一物理（力学）竞赛二等奖

家庭教育随笔

女儿戴茗菲今年通过北京大学自主招生考试，获保送北京大学法学院资格后，又通过参加高考考入光华管理学院，这无疑是我们全家的一大喜事。考上心仪已久的大学并能学习理想的专业，自然是一件令人高兴的事，但我从不认为这就是家庭教育的成功标志。

家庭教育的成功标志应该是孩子能够自立、成才。所谓成才应该包括成为国家的栋梁之才、专门之才、有用之才。而自立的定义比较宽泛，如独立的人格、有活跃的思想、有独到的见解、有独立生活的能力……

俗话说：性格决定命运、细节决定成败。要想使孩子有良好的习惯及性格，就要从一点一滴培养。

注重学到，而不要注重分数

家长如果过分重视考试分数，孩子肯定就重视分数而忽略了学习本身，这正是我们不愿看到的。家长应该教育孩子要重视学习本身，与分数相比更应重视究竟学到了什么。对孩子的学习，我不大关心她每次考试考了多少分，而特别关心每次考试孩子是否知道错在哪里，是否把答错的知识点搞懂了，这往往比分数更重要。

女儿小学一年级的一次期中考试后我去接她，路上我问她："考得怎么样啊？""语文100，数学99，有一道题数算对了，单位忘写了，扣1分，嗨，没关系！"女儿满不在乎地说。我先表扬了她一下，心里却在想着怎么才能引起她的重视，又不伤她的自尊呢？这时正好一辆卡车开过去，车上装满了水果，我就问她："那车上装的什么？"女儿说："水果呀。"我又说："你说1斤水果、1筐水果和1车水果，都是1，可是差距很大，这个差距甚至比1斤水果与5斤水果的误差还要大，你说呢？"女儿反应很快，说："是啊，看来有时'单位'比数字更重要呢！"边说边嘟囔："我爸还挺会说服人。"从此，女儿就再没有在"单位"上错过。知道错在哪里，比分数更重要。你重视这些，孩子就重视这些，反之，如果家长只重视分数，那么孩子也只应付分数，甚至会弄虚作假来对付家长，到那时则悔之晚矣。

精读与泛读

泛读是必要的，但精读更重要。碰到好的作品，一定要精读，读几遍，甚至十几遍都不为过。而且我还主张读书要有心得、有注解，尤其是优秀的作品，就更要深入学习，学到精华，学到心里，融入自己的脑海中。女儿对曹雪芹的《红楼梦》、对曹禺的剧作、对古诗词名作都是反复地看，细细地品味、揣摩，这样做对其语文特别是作文水平的提高颇有益处。泛读要广，精读要深。

最合适的才是最好的

最好的，最贵的，最先进的，最时尚的……并不一定是最适合自己的。对我们来说，最适合自己的就是最好的，而不要管对别人是怎样的。从小的方面说，购物买东西；从大的方面说，选择学校、专业、老师，甚至包括选择职业等等，都是这样。

女儿上小学时，本来可以有机会选择当时名气更大、学校教学设备更好的中关村一小，但因为离家较远，比后来选择的人大附小远半个小时的车程，一天来回就是一个小时，六年下来是多少时间啊？对孩子来说这意味着什么？所以，我们还是最终选择了后者。不管对别人怎样，对女儿来说，人大附小就是最适合她的。

一专多能

对于现在的孩子来说，我觉得他们一定要有自己的专长。所谓专长，就是比别人下工夫多些、比别人了解得多些、比别人研究得深入些。有了专长，就有了对获得专长的过程的体验，这对今后学习任何其他事物都是有益的。

女儿的专长是钢琴和数学。就拿钢琴来说，女儿每次考级学习新的曲子时，刚开始听老师弹得很动听，所以期待很大，可是一旦自己弹起来，不仅枯燥而且难听，但这时，只要坚持住，只要按照老师的要求不断地努力练习，渐渐地弹出的曲子也就不那么难听刺耳，开始动听悦耳了，直至最后可以随心所欲，驾驭自如了。当她顺利通过考级，获得老师及家人的祝贺及短暂的陶醉后，又该为下一次的考级做准备了（直到通过钢琴九级——业余最高级）。这样几个循环下来，女儿就掌握了学习的几个阶段的规律，特别是体验了学习过程中的心路历程，今后再碰到困难时，她就不会束手无策、心烦意乱，而是知道如何调整自己的心态，分配好自己的精力，按照既定的流程，自信而有序地去做好每一个步骤，相信一分耕耘一分收获，最终获得成功。因为女儿参加的活动多，见识就广，获得的成功及挫折就会比常人多，因此，自信及忍耐力也就比常人强。

一专（或几专）多能，是可以互相借鉴，互相促进的。比如女儿在数学学累了时可以弹弹钢琴，也可以通过练习钢琴促进大脑的灵活运转最终提高学习成绩。另外，除了"专"，还要有"能"，女儿的语文、诗词、对联、物理、唱歌等都很不错，这些都是相辅相成的，并没有因为"这个"而影响了"那个"。人的潜力有时候是惊人的；人的潜力也是需要发掘的。

功夫在其外

古人学习书法，提倡"功夫在字外"，学习剑法，讲究"功夫在剑外"。现在学习也是这样，对学习的促进有不同的方式方法，上面讲的一专多能是一种，还有其他的方法，宗旨就是"功夫在其外"。比如女儿一直是语文课代表、班及的宣传委员，一些日常工作及每周的出板报工作肯定要花费一些时间，耗费一些精力。表面上看，这样做一定会影响女儿的学习，其实不然。女儿自己就说过，小时候弹琴每天要花费几小时，后来当宣传委员，出板报也要花费很多时间和精力，每次做完这些事就想，别人已经多学了很长时间了，为了不被落下，就要想办法提高自己的学习效率才能追上同学们。女儿能这么想，反倒更促进了她对改善学习方法的重视，也使得她提高了学习效率，不仅为集体做了工作，学习成绩也没有受影响。

学到知识固然重要，但比知识更重要的还有很多

我对教育的一贯看法是：重结果，但更要注重过程。学到知识固然重要，但在学习知识的过程中，你的方法、你的思路、你的态度、你的兴趣更重要。我经常对女儿说："比知识更重要的是方法，比方法更重要的是态度，比态度更重要的是兴趣。试想如果我们得到了知识，但却放弃了方法、忽视了态度、失去了兴趣，那么这样的教育算得上是成功的吗？所以我们说知识固然重要，但更重要的还有很多。如果只是一味地学知识，那是在读死书，根本成不了才的。"

迄今为止，我们用这样的理念进行家庭教育，应该还算是成功的。但是，如果今后我们还是照这样继续下去，恐怕就行不通了。随着孩子一天天长大，我们不能总是用兴趣来维系热情。今后我们更应该强调责任。将来做事业，不但要凭兴趣，更要有责任，要有社会的责任、国家的责任，更要有胸怀。如果有了这样的责任感，遇到挫折就不会轻易地放弃或低头。

以上是我对家庭教育的简单记录、归纳，称之为"随笔"。我认为：把平凡的事情做好了，就是不平凡；把简单的事情做对了，就是不简单。能想的都想了，该做的都做了，一切的结果，不过是顺理成章而已。

> 家长寄语：欣赏但不嫉妒；放手但不放纵；关心但不溺爱；帮助但不包办。

家长姓名：陈江中
学生姓名：陈　淳
录取院系：信息科学技术学院
毕业中学：江西省九江市同文中学
获奖情况：全国中学生生物学联合竞赛三等奖、全国高中数学联合竞赛三等奖、江西省三好学生

飞扬的心中之梦

有人说没梦的生活是茫然的，我十分赞同这个观点。我的梦想就是希望儿子可以到北大求学。如今我可以骄傲地说："我的梦想已经实现了。"在金秋送爽的九月，孩子就要跨进令无数青年梦寐以求的燕园，去继续追求他的青春之梦。

儿子的北大录取通知书如约而至，看着通知书背面那寥寥的三行字："一旦佩上北大的校徽，每个人顿时便有被选择的庄严感，因为这是一块圣地，百余年来，这里成长着中国几代最优秀的学者，他们从这里眺望世界，志向未来。"孩子和我心中的那种庄严自豪的感觉油然而生。望着儿子那青春飞扬的脸，我知道那就是我的希望，我感到无比的欣慰与自豪！

孩子十几年的寒窗苦读，一路的艰辛是每个家庭都深有体会的。

孩子的成长教育是个系统的工程，不可一蹴而就。学校和家庭是孩子成长的两个摇篮，不可偏废。

儿子在幼儿时期对什么都充满好奇，他就是一张白纸等待我们去写画。他的喜怒哀乐、分辨是非甚至是一言一行都是在我们言传身教中潜移默化中形成的。在儿子上小学之前我从不刻意教他什么，我们只让他以玩为主，这个时期健康快乐才是他的主题。我们也没

有刻意让他提前背上沉沉的书包,直到7岁才把他送进小学的大门。在他还没上小学时,他十分羡慕那些可以背着书包去学校的小伙伴,我告诉他,学习是以后的事,现在他的主要任务就是痛痛快快地玩,一旦背起书包的那一刻,他就是一名学生了,一名以后十几年都要以学习为主要任务的学生了。

心中有个理想,你就会去追求;心里有个目标,你就有了动力。

也是在金秋九月,当儿子第一次背起书包站在我们面前时,我对他说:"儿子,在中国的首都有所中国最著名的学府,她就是北京大学,那里有中国最好的大学教育,那里是人人向往的燕园,那里有世人皆知的未名湖。你可要好好读书,争取考进这所大学校啊!"望着儿子稚气的面孔,那似懂非懂的眼神,那时不时地点头称是,我也暗暗地给自己订下目标:十几年后我一定要陪着孩子走进北大。

孩子的培养教育其实要从点滴做起。首先,要使他养成一个好的学习和生活习惯。我们知道孩子还在幼年,充足的睡眠休息是他学习和长身体的保障,因此,从第一天上学开始,我们就要求他早睡早起。那时小学生放学早,回到家里我们就督促他做作业,并对他的作业完成质量作了严格的要求:对待作业要认真,要有个良好的学习态度,字要写得端正、工整,不允许有过多的涂塌。在这个基础上我们再对他提出更高的要求:提高速度,不拖拉,做完及时检查,纠正错误。在完成作业的情况下如果有时间他可以去玩,但到了吃饭、洗澡、睡觉的时间就不能再玩。从星期天到星期四每晚八点准时睡觉,不讲条件。记得一个星期五的晚上,他扑闪着一双眼睛对我说:"妈妈我今晚不睡觉,我要玩一晚上。"我很惊讶但不奇怪,我望着他稚嫩还有些坚决的脸笑了笑说:"行。"谁知他玩着玩着九点就睡着了,这就是习惯,养成一个好的学习生活习惯是有益无害的。

其次,要注意引导培养他的学习兴趣。从小学起儿子就对数学情有独钟。记得二年级的一次数学考试,试题中出现了一道"素未谋面"的奥赛题，整个年级就他一个人做出来了。我们发现他的数学天赋后，就不断地鼓励他，引导他对数学的兴趣。经过老师的挖掘培养和他自己的努力，他的数学潜能很快就展现出来。在以后的初中、高中阶段，他的数学成绩一直在班上名列前茅。

对其他学科的学习也一样，什么电脑作文、幻灯片制作他都参加，这期间他还拿了不少奖项，我们总是及时地鼓励他、表扬他，进一步地培养他对学习的兴趣，让他从小就感觉读书其实也特有滋味。

进入初中、高中后的学习就不一样了，随着课程科目的突然增加，光凭兴趣学习就不行了。这时我们和他沟通，共同制定了他的学习目标。第一，要求他要有明确的学习目标。我告诉他，我和他有个同样的从小学就开始在心中飞扬着的梦想，那就是要挺进首都北京，考入燕园，漫步在未名湖。正是这个目标激励着我们在儿子以后的学习生活中不管遇到多少艰难，经过多少曲折都要义无反顾地前行。其次，要求他要有一个良好的学习态度。随着年龄的增大，男孩贪玩的天性也表露出来了，我并不刻意地去打压他贪玩的天性，只要求他端正自己的学习态度，告诉他只有端正了学习态度，对学习才不会敷衍，才会在任何时候都能把学习摆在首位。第三，在学习细节上要求他上课认真听讲，课后认真完成作业、认真复习巩固。最后，我要求他在学习上要有刻苦的精神。我时时告诫他，要想实现自己的梦想，就要把书读好，读好书，只有天赋没有刻苦的精神是不行的。

正是这些要求让他摸索出一套行之有效的学习方法，能够做到事半功倍，所以这些年他的成绩一直很稳定。当然他也有个致命的弱点，那就是不喜欢背书，这也是后来几年他英语考不到高分的主要原因。

所有的人都会以为能考上北京大学的孩子平时一定不爱玩，只知道读书。其实，他就不是，他是个很贪玩也很会玩的孩子，他天天喊放松，挤时间玩。后来我们规定他一个星期只能玩两个小时的电脑，另外可以打一场球。即使这样，他的书一直读得很好，成绩一直名列前茅，我想这与他得体的学习方法是分不开的。临近高考了，大家都开始了最后的冲刺，始终稳定的成绩保证了他在高考前发力冲刺的效率。高考前两三个月，每天晚上他都给自己规定多做一套数学卷、一套英语卷，每天都要求自己多看书、多复习。多看书、多复习保证了他对课本上基础知识的掌握，而大量的做习题又保证了他对新题型、新解法的了解。

有人说没有经历过高考的人生是不精彩的。高考是人生的一大转折点，高考是能磨炼人的。如今儿子历经高考的磨炼，终于走进了向往已久的学府，这是他人生的一大亮点。作为父母，我们由衷地感到骄傲，也希望他在北大未来四年的学习、生活中能脚踏实地，实现自己的人生理想。

我们仍在共同憧憬着未来的梦！

家长寄语：心中有个飞扬的梦想，心就会飞翔！

家长姓名：孔庆财　山东省莱芜市鲁中矿业集团公司
　　　　　张明莉　山东省莱芜市鲁中矿业集团公司
学生姓名：孔耀男
录取院系：工学院
毕业中学：山东省鲁矿一中

助长点滴

在看到北京大学对广大新生家长征文的消息，我们心里顿感有许多关于陪伴孩子一路走来的话要说。在我们身边，有很多平平凡凡的孩子被认为难以取得好成绩或者被逼迫着学习。但我们觉得这并不是一个有助于孩子成长的好方法，放弃意味着失败，拔苗助长会适得其反，家长对孩子的良性助长才会成就他们的未来。我们也是平凡的家长，但希望我们的经历能给后来人一些启发和帮助。

我们的孩子小时候并不是一个所谓的"神童"，她只是一个非常平凡的孩子，既没有什么光辉事迹，也没有什么特长，就连成绩也只能占中游水平。当时的我们对她并没有什么奢望，但我们从来都没有放弃对她的鼓励和教育，我们主要从以下几个方面关注她的成长、帮助她进步。

第一，关注孩子的身心健康，成才与否先成人。

在女儿还小的时候，面对她普普通通的成绩，我们并没有选择天天逼迫她在家学习，而是希望她能够健康快乐地成长，有一个美好的金色童年。在闲暇的时间里，我们经常和她一起做游戏，一起在地上爬，一起到公园玩，也带她到田野里认识各种植物、昆虫，还曾带她到一家面粉厂去参观打面的过程。我们还经常和她一起锻炼身体，她在小学二年级的时候就学会了游泳。这些课外活动也许对她的成绩提升起不了什么作用，但我们之间建立的亲密、和谐、相互信任的关系却是更加难能可贵的。没有压迫和反抗的生活，为我们日后对她的指导铺平了道路。

我们希望孩子成为一个有良好品性的人，所以，我们教给她很多社会公德，让她学会宽容，学会谦虚，学会团结协作。我们选择从一点一滴的小事做起，公交车上让座、说话要文明等等的小事都能培养这一品质。与此同时，我们还教会孩子如何保护自己，教给她遇到意外情况该怎么做，怎样自救，怎样逃生，以及在家或在外如何保证自身的安全，等等。

此外，我们还希望培养孩子的自立能力和完善的性格。晚饭过后，她经常会洗碗、扫地，开始时是被要求，后来是自愿。对于性格，我们希望孩子能活泼开朗、有自信。我们鼓励她和别人进行交流，鼓励她经常上台发言。在小学六年级时，她的班级组织了一次班委竞选，开始时她犹豫不决，我们便鼓励她试一试，不论成败与否都勇敢地去做，如果不去试一试，又怎么能知道你的能力呢？在我们的支持下，她准备了演讲稿，最后选上了宣传委员。我想，性格可以成就一个人，也可以毁灭一个人，而这些都将对她的一生产生不可估量的影响，将伴随着她一生的成长。

第二，教授学习方法，培养良好习惯。

"授之以鱼不如授之以渔"，与其教给孩子一定的知识，不如教给她恰当的学习方法，甚至教会她知道如何找到学习方法，让她自己去学习。我们经常给孩子讲我们自己小时候的学习方法，也经常翻阅一些讲述学习方法的书籍推荐给她，希望对她有所帮助。每次我们都让她自己试验，自己摸索，而她也逐步挖掘到了一些小方法，对后来的学习大有裨益。

作为家长，我们经常和老师进行交流。初三时，孩子的英语成绩不好，我们特意到学校与老师沟通，具体询问了女儿在校的学习情况，讨论了一些解决问题的办法，最终女儿的英语成绩很快有了提高。其实，老师是非常了解学生的，在出了问题时和老师进行交流是最好不过的办法，这对孩子会有很大的帮助。

重要的还有培养孩子对学习的兴趣。这样的兴趣有很多种，知识本身就蕴藏着乐趣，解出来一道有难度的题目也是一种乐趣。当她在学习上取得一些进步时，我们就会表扬他，鼓励她继续前进，以此来增加她对学习的兴趣。

虽然我们让孩子自己找适当的学习方法，但在一些问题上，我们还是经常对其关注和纠正的。孩子以前有个坏习惯，喜欢边学边玩，我们经常对她说学习要心无旁骛，三心二意是学不好习的。在意识到这个错误之后，她就逐渐改掉了这个毛病。对于这种原则性的问题，作为家长的我们是绝对不能放松的，至于一些具体的学习方法，则希望孩子能摸索到适合自己的一套方法，因为这是没有普适性的。

第三，培养广泛兴趣，绝不苛责强求。

广泛的兴趣爱好是孩子一生的财富，一直以来，我们都希望她能有些特长。在孩子刚上小学的时候，我们就问她要不要学习某种乐器，答案是斩钉截铁的一个"不"字，但她告诉我们她想学美术，于是我们就给她报了一个美术班学了一年。后来她也曾学过一段时间的舞蹈，虽然都没有什么成果，但我们并没有因此而失望，我们不需要她成为一个多么伟大的艺术家，既然是兴趣所致，高高兴兴地学点知识不是很好吗？直到上初一那年，她郑重其事地告诉我们想学一门乐器，略显惊讶的我们同意她去学电子琴，这么一来她好像上了瘾，学起来也十分认真。

在我们的身边，也有许多家长逼着孩子去学各种特长，孩子没有兴趣，根本不能用心学，只能适得其反，父母和孩子之间也变成了敌对关系，失去了对家长应有的信任。我们希望孩子能真正学一些她感兴趣的东西，快乐地获取知识。

第四，重视家庭氛围，践行言传身教。

一直以来，我们都在努力地营造良好的家庭氛围，给孩子一个无忧无虑的成长空间。当孩子在学习的时候，我们从不看电视、玩电脑，而是进行我们的学习和工作，家里安安静静的，孩子自然能够安下心来学习。我们也会努力实现自己做出的承诺，即使当时因为某些原因不能及时完成，过后也会做出回应和补偿。对于她的进步，我们会给予适当的物质、精神奖励，但同时我们还会告诉她，获取知识的过程本身就是快乐的。我们不想把对知识的渴求仅仅建立在物质基础上，所以，我们平时就不能过于注重物质，不能使家里充满铜臭。

有很多家长都会有这种感觉：孩子到了青春期，学会了叛逆、任性，不再听自己的话。但在我的家里，这种情况是不存在的，这主要得益于我们家良好的家庭氛围，孩子对我们十分信任，她愿意和我们分享她的任何事，如果她告诉我们一些她犯的错误，我们会和她一起想办法解决而不是训斥她，这样一来我们的关系就比较融洽，她对我们的话也比较听得进去。

作为一名家长，这就是我多年教育孩子的一些体会，现在我把它写下来，希望对其他人能够有所帮助，也希望所有的孩子都能在自己的世界里自由地飞翔，这就是我们作为家长的心声。

家长寄语：急功近利是教育的绊脚石，循序渐进、沟通交流才能熬制教育的浓汤。

家长姓名：马俊鹏　广西军区司令部
学生姓名：马靖寰
录取院系：信息科学技术学院
毕业中学：广西壮族自治区南宁二中
获奖情况：2007年省级化学竞赛一等奖、全国生物竞赛（省级赛区）一等奖

难忘的几件事

孩子参加高考并考取北大，作为家长，我们与孩子共同经历了许多难忘的事，这些事是值得记录的，哪怕说不清这些事的对与错、成与败。

励志。总的来讲，人与人的智商是差不多的，提高孩子的学习质量，关键是动力要强、方法要活，从小培养孩子的学习兴趣，调动孩子的学习积极性。

学习的动力，说到底就是人生观价值观问题。每个人的人生观价值观都是具体的、活生生的。我感到，孩子人生观价值观的培养要从幼年抓起，要形式多样。既要有说教和灌输，更要有实例和典型；要常态化，要让孩子从身边发生的事情中、从亲身接触的人物中感悟人生；要在高起点上培养孩子的人生观和价值观，"世上无难事，只要肯登攀"。

我出生在苏北农村，家境贫寒，虽说现在事业、家庭稳定，但一路走来，饱尝酸甜苦辣，深知知识的力量。我的经验和教训是孩子的第一本教材、第一个案例。我和他妈妈都是专科生，由于所学知识有限，工作上常有"心有余而力不足"的时候，我们常常就此与他共同分析，并告诫他，要努力，要发奋，不能重蹈覆辙。在我

们的工作、生活中，时常会遇到一些事业上的成功人士，只要有可能，都带上他见一见，作些面对面的交流，让他亲身感受成功人士的言传身教。

最近我与孩子有一次交流，他说，在小学的时候，他就明白了要做一个强者的意义，到了中学的时候，更加坚定了自己要做强者的决心。做一个强者，一直激发他努力学习，使他克服了许多学习中的困难。

解难。"思想品德"是初中一年级新开的一门课，考试采取开卷形式，可几次考试孩子都没考好，他有些灰心。经过了解，我找到了原因：一是进入初中后，课业比小学多了许多，孩子有些手忙脚乱；二是考试很活，因为是开卷考试，书中、笔记中都难找现成的答案，这就要求学生要具备一定的分析问题能力和文字表述能力，能自己归纳总结出答案，这样的考法，刚上初中的孩子很不适应；三是老师的教学也缺乏针对性。我决定自己帮他解决这个问题，利用业余时间学习课本，认真备课，讲学习内容，教学习方法，并一起做作业。结果收效很好，很快扭转了孩子的被动局面。这件事虽小，但对我的启发很大。在成长的过程中，孩子就像个冲锋在前的战士，冲锋时会不断遇到问题，只有勇敢、智慧、团结，才能克服困难并最终赢得胜利。事实上，孩子在学习中遇到的许多问题，靠自身力量是难以解决的。每当这个时候，学校、家长、社会要积极地、及时地为其助力，帮助其及时有效地解决问题。批评、指责、埋怨甚至打骂是不会解决问题的，只说教，没有行之有效的措施，都不能从根本上解决问题。在我们的周围，孩子学习成绩平平的现象很普遍，主要原因是学习过程中遇到的问题不能及时解决并长期累积，最终积重难返。如果在问题的萌芽阶段、初始阶段及时解决，多数孩子的学习情况都会好起来。现在孩子的智商都很高，只要肯学且方法对路，学好都是没有问题的。

在以后的日子里，不论孩子遇到怎样的问题，作为家长，我们总是以第一责任人的身份，想方设法解决问题，并力求在最短的时间内解决问题。从这个意义上讲，家长在孩子成长学习的过程中，角色是多重的，责任是巨大的，要和孩子一起刻苦努力，寻求解决问题的办法。

复习。按说高考前的复习应该是紧张有序的，可我们家却麻烦不断。最大的麻烦是高考前一个月的复习安排。孩子高考一模的成绩不错，二模成绩排名掉到年级第二十名后，班主任很着急，他自己也在认真找原因，但二者分歧很大。老师说，他没有按照老师的进度复习，总在搞自己的东西；他说，老师安排的进度不适合自己，要自己安排自己的复习。到了考前一个月，他竟然提出不想到学校复习了，自己在家复习，老师和我们家长都感到非常为难。老师显然不能同意他的要求，每个学生都回家，学校的复习还怎么进行？照顾了他一个人，其他学生怎么办？对此，他全然不顾。这期间，我与老师也没少沟通，最后，还是我和老师作了让步。我劝老师，说到底就是上什么大学的问题，最后一个月了，天塌不下来，不会有什么更严重的后果，如果有问题，他是成年人了，让他自己承担。老师很负责，给他和另外几个学生在学校找了一个安静的地方，让他们以自己复习为主，有问题找老师及时辅导、解决为辅。这场风波就在折中后了结了。为此，我也反思自己，对孩子袒护、宠爱有加，从难、从严要求不够。

应试。语文是他这次高考成绩最差的一科，成绩不到所在班的平均分，直到现在，父子俩都没触及这个敏感的话题。考后，他给过我两个信息，一是考试时间不够用，二是作文拿不到50分。考前，我们计划作文要拿50分，总分争取考到125分，结果还是没能如愿。估计问题主要出在阅读、作文等"活"题上。关于语文的学习和考试，我一直建议他要把自己的所思所想与应试区分开，二者能统一的时候就统一，不能统一的时候就以应试为主。毕竟应试是教室里的活动，是纸上的活动，和在实践中应用是有很大区别的。

退一步说，即使考试没把自己的所思所想考出来，也不会影响自己所思所想的存在与应用，一旦有条件有机会，该怎么用就怎么用。备考的日子里，只要有可能，我总要唠叨，作文一定要稳住，多几分少几分就是瞬间的决心，按规矩写得分，由着性子写丢分。可他不这么认为，他就要写自己的所思所想，把真实的自己写出来。为此，他不止一次付出代价，也经常与老师争辩是与非。初中的语文老师是个快要退休的女老师，爱学生像爱自己的孙子，中考考语文时，考前几分钟还在考场门前对他千叮咛万嘱咐，告诉他作文尽量不要写议论文，写其他文体的文章也不要放任自己自由发挥，平时老师怎么教，考试的时候就要按规矩考，说到底就怕他出乱子。这次高考，他长大了，也没人再在考场前叮唠了，他自由发挥了一把，结果还是出了问题，所幸没有大碍。18岁的年纪，是展现自我的年纪，也是个容易冲动的年纪，真希望他们稳重些，再稳重些。

　　志愿。孩子最终选择北大，的确令我感到欣慰，我感觉他真的长大了。在年初取得北大自主招生资格后，到北大求学，这个具体、清晰的目标，给他最后半年的高中学习，增强了信心，注入了动力。其实，参加北大自主招生考试，有许多意想不到的收获。在最初学校组织的推荐面试中，因为个别问题的分歧，他与另一所高校的自主招生考试失之交臂，因此很沮丧。也许是憋着一股劲，在北大的自主招生考试中，他进行得非常顺利，特别是在北大面试的那几天，他不但积极准备考试，同时还在用心体会北大，既收获了考试，也下定了读北大的决心。在填报志愿的时候，尽管有很多的选择，但他还是毅然决然地选择了北大，他说，要守信，要感谢北大。假如没有北大给他的这个明确的目标，也许就没有考取北大的过程和成绩。我坚决支持孩子的选择，在我看来，报考北大的收获，远不止考取了北大，还磨炼了他的意志，考验了他的品质。任何考试，结果都应该是公正的、公平的、严肃的，就算结果残酷，但考试的过程也应该是轻松的、愉快的。毕竟，他们是一群孩子，是一群将要走向社会的初生牛犊，考试应该更加开放、灵活，并多给学生机会和帮助，这一点，北大就相对人性化许多。就在孩子确定专业的时候，北大广西招生组的吴老师给家长和学生提供了许多额外的咨询和帮助，很有"北大"这个大家的风范，给了准备报考北大的学子们以归宿感。

家长寄语：世上无难事，只要肯登攀。

家长姓名：史丰忠　山西省阳城县北留镇北村
学生姓名：史少伟
录取院系：历史学系
毕业中学：山西省阳城县第一中学
获奖情况：晋城市"优秀共青团员"

梦想成真

6月26日晚9点，北大招生办荆老师打来电话说：史少伟同学已被北大录取，按1：1投档……霎时，我觉得快晕眩了，妻子一再催促快说"谢谢"，儿子则一脚把足球踢得飞上天。这是真的吗？虽然千真万确，但我却仍不敢相信。稍作镇定后，我便迫不及待地拿起手机给所有关心孩子的亲朋好友群发了一条短信：儿子已成北大人，

今生梦想终实现。

雄鹰展翅冲九霄，喜讯分享共庆祝。随即，祝贺短信纷纷而至，手机首次发烫了。

回首儿子从嗷嗷待哺到成为北大学子的历程，我只想吐一句肺腑之言："儿子考取北大，有偶然却更具必然！"

锤炼意志，从小炼起

我1983年高考落榜与大学失之交臂后，落下了一生的遗憾，1991年儿子的降生为我们家注入了勃勃生机，爱好读书的我便开始留心起各种教育孩子方面的资料以便效仿。

受一篇报道姐妹柔道冠军从小锻炼意志的文章的影响，我们便

有意识地及早磨炼儿子的意志力。我家离孩子的外婆家相距近十里，山路陡峭，杂草丛生，从儿子学会走路起，我们便让他独立行走，跌倒了起来，再跌倒，再起来！当他累得耍赖卧地不起时，我们就及时鼓励或者讲个小故事逗一逗他。这样一来，儿子居然乐此不疲，而且再没有要求抱着走，3岁时的他居然能独立往返近20里的山路，这在同龄孩子中是不多见的，也是许多家长不忍心做的。

至于吃饭、穿衣更是尽量让他自己动手。尽管儿子常常吃出个大花脸或穿出个"济公服"来，这倒也平添了无限乐趣。也许基于良好的习惯，7岁那年的一个星期天，他妈带他到地里帮忙锄地，因为突然下雨，他妈赶忙回家收被子，临近黄昏时才想起儿子还在地里，赶忙去接应。孰料他正为把剩余的地独自锄完而兴高采烈呢！望着儿子满脸满身的雨水和汗水，我们是既心疼又觉欣慰。这件事，一直是他妈引以为豪的话题。

矫枉过正，刻不容缓

儿子从入学开始，我便留心他的功课，他每天的学业掌握到什么程度，我基本上了然于胸。针对他在做作业时的马虎大意，我的做法近乎"残忍"：错一改五，再错加倍！对"疑难杂症"决不放过。记不清有多少次，我逼着孩子满村找高手破解难题；记不清有多少次，望着孩子一遍遍地受罚改题，我的心在抽搐。

还记得儿子9岁时，因为想吃一根冰糕，把从同学那里学到的歪点子用上了：报作业本费时多报一元。当我无意中了解真相后，觉得事态严重，便和她妈"双剑合璧"进行了一下午的"诫勉"谈话及少许"恫吓"。并让他当场写下保证书。望着儿子满脸的惊吓与泪珠，我的心在颤抖：儿子，原谅我吧，子不教父之过呀……

在农村，不少家庭包容、放纵孩子，导致孩子养成很多不良习惯，更可怕的是这种不良习惯直接感染、影响了别人。无怪乎当年孟母三迁，无怪乎先贤曰："近朱者赤，近墨者黑。"我好怕儿子深受其害，我一方面经常灌输儿子良好的道德风尚、人生哲理；一方面监督儿子尽量少与这样的孩子为伍。平常从儿子的一言一行中明察秋毫并及时指导让他辨明是非，终于让他度过了危险期，成就了他彬彬有礼、积极向上的性格。

精心呵护，一如既往

一次赶集，三年级的他缠着妈妈为他买一本少儿版《三国演义》，条件是哪怕不吃冰糕，妻子当即买了下来。我知晓后心里也"咯噔"一震（我每天仅赚18元），但莫名的喜悦随即涌上心头：孩子，你终于找到了真正的知心朋友。

此后，孩子对书的热爱便一发而不可收拾，《唐诗宋词》、《十万个为什么》、《科学探秘》等一本本书飞进了我家。久而久之，孩子的书瘾愈来愈大，吃饭、睡觉乃至上厕所都书不离手，为这，他妈没少和他费口舌。

孩子的业余爱好广泛：下棋、足球、乒乓球都是他的最爱。记得上四年级时，他参加学校的象棋赛，我自告奋勇当他的陪练，我且战且退经常卖个破绽让他大获全胜，偶尔也来个"突然袭击"杀他个措手不及，我要让他有张飞的"勇"，还要让他有孔明的"智"。果然，比赛那天，他勇冠三军、锐不可当，夺得了冠军。牛刀小试，我品尝到了教育的神奇！而今天，我可真不是他的对手了。

初中三年，是卓有成效的三年。良好的习惯＋远大的理想＋坚强的毅力，激发了他强劲的学习动力。他的学习成绩除初一第一学期外，其余一直居年级第一（800余名学生），他曾一度被学校老师们称为"考不倒的学生"。

初中三年，语文老师白老师对孩子的帮助尤其大。她是教学能手，让学生坚持写日记直至中考前夕，难能可贵的是学生的日记她是篇篇必看、篇篇必批。偶然的一次，我整理书柜时发现了儿子的日记，看得我心跳加速：生活的烦恼、人生的迷惘、时政的抨击、腐败的痛恨、国际风云变幻的担忧……14岁的孩子内心世界竟然如此敏感、如此丰富，而作为家长的我却一直把他看成一无所知的"小不点儿"，殊不知老师则已经和他成了无话不谈的朋友。我觉得自己好失职！日记里，老师推心置腹的引导交流、指点迷津的拨开云雾、恰到好处的鼓励支持，犹如强劲的春风把孩子愈推愈高。我不知他哪来那么多精力，哪来那么多作业，一直忙得不可开交。每逢星期天或节假日，没有一晚不熬到深夜十一二点，经常是陪孩子的我们先进入梦乡。早晨5：30他则准点起床，稍作锻炼后便是一阵朗朗的英语声或抑扬顿挫的唐诗宋词。作为家长，我能做的就是经常和老师沟通，就是时时找借口拉他走出书山题海，毕竟孩子的身体要放在首要位置啊。可以想象，一个家长如果不了解孩子的内心世界，等到孩子的内心世界发生翻天覆地的变化时，你仍浑然未觉，那一切可真的无可救药了。

中考前夕，他说："爸，如果中考成功，奖我500元买书吧！"我几乎不假思索地一口答应。果然中考大捷，他以607分获全县第6名（7000余考生），我兑现了承诺，给他买了近1000元的书。整整一个暑假，儿子几乎泡在书堆里，如痴如醉。

闲时，我刻意收集些名言警句，张贴在他的书桌墙前以激励他持之以恒，如"养成读书的习惯，一辈子不寂寞。没有读书的习惯，一辈子不知所措'，"怕苦，苦一辈子，不怕苦，苦半辈子"……

高中三年，儿子的优势更是被发挥得淋漓尽致。他在当选班长后又成功地竞选了学生会副主席，可谓是工作学习统筹兼顾、相得益彰。从高一到高三的十多次重要考试中，除两次非第一外，其余均以绝对优势获得年级第一名，特别是在2009年北大自主招生中又赢得了自信获得了5分加分。优秀的学业、出色的组织才能赢得了广大师生的交口称赞。高考前夕，他充满神往地说："爸，我真的非北大不考了，因为那里不仅精英荟萃，而且国家的许多重大国策都发源于这里。如果高考失利，假期我一定不放弃学习，复读一年后定能如愿以偿。"掷地有声的表白，让我心悦诚服。我松了一口气：儿子，你终于体味到了学习的快乐，领悟到了人生的真谛。

高考的如愿以偿着实让我家兴奋了一阵子。冷静下来后，我们约法三章：第一，到京后，无论何时，至少每星期给我发一条短信。第二，保持优势，毫不松懈。第三，力争保送读研、读博。他都欣然应允。望着逐渐走向成熟的儿子，我的心就像喝了蜜一样甜。他需要飞向更广阔的天空，希望他能在北大这个平台上实现自己的理想。

家长寄语：没有不优秀的儿子，只有不称职的家长。我不奢望儿子将来挣多少钱当多大官，只祈求他能够永远积极向上、学有所成，德才兼备、为国争光。

家长姓名：李作超　中共泰安市委组织部
　　　　　张　静　泰安市泰山区人民法院
学生姓名：李　根
录取院系：法学院
毕业中学：山东省泰安第一中学
获奖情况：北京奥运会火炬手、北京2008奥林匹克青年营营员、两项发明获国家专利、第25届全国中学生物理竞赛三等奖、第23届山东省青少年科技创新大赛一等奖、山东省省级优秀学生、山东省省级三好学生、泰安市十佳中学生、泰安市思想道德建设十佳学生等。

为孩子插上全面发展的翅膀

　　火热的六月，李根如愿以偿地收到了来自北京大学的录取通知书。在欣慰、自豪的同时，李根的家庭教育成了许多同事朋友和我们谈论最多的话题。回顾李根的学习成长过程，我们深深地感到：青少年培养教育是个"系统工程"，起主要作用的还是学校教育和社会教育。从迈着稚嫩的脚步走进幼儿园，到龙腾虎跃地奔跑在篮球场，从咿呀学语懵懂无知，到拥有自己的科技发明，从走进北京2008奥林匹克青年营，到今天成为一名光荣的北大保送生，社会和学校为孩子的学习成长注入了生机与活力，创造了良好环境。作为家长，首先感谢学校和社会给了孩子那么的关爱、教育和培养，感谢北京大学给了李根难得的学习机会和新的平台。

　　家庭教育作为教育系统工程的"基石"，具有基础性、长期性的特点。家庭教育工作做好了，就能对社会教育和学校教育起到良好的辅助作用，就能形成助推青少年健康成长的合力。结合这些年陪同孩子学习成长的历程，我们谈谈自己在家庭教育中的一些感受和体会。

一、树立正确的教育观，把全面发展作为家庭教育的目标和方向

正确的家庭教育应与素质教育同步，追求孩子的全面发展，把德育、智育、体育和美育贯穿教育活动的各个环节。我们始终认为，在当前改革开放的背景下，衡量孩子教育是否成功的标准，主要是看孩子能否适应现实的社会生活，能否在竞争激烈的社会中立足进取，能否为社会作出贡献，为社会所承认。李根刚上小学的那一年，正是国家全面推进中小学素质教育的起步年。1997年，国家教委颁布了《关于当前积极推进中小学实施素质教育的若干意见》，当时，作为父母的我们进行了认真学习，感到机遇难得，认识到必须把家庭教育与素质教育紧密结合，在学校教育的基础上，为孩子各方面均衡发展创造条件。

坚持全面发展的教育价值观，既要高度重视学习成绩，也要注重提高综合素质。我们理解所谓的素质教育，就是在学习成绩优秀的前提下达到德、体、美、劳全面发展。我们感到，智育与德、体、美、劳的教育是内在统一、相互促进的。在对李根的要求上，我们一方面始终高度重视他的学习成绩，另一方面也绝不提倡"死读书、读死书"。在要求孩子学习成绩保持在班和级部前茅的基础上，注意为孩子留下比较充足的时间和空间，支持、鼓励他参加各类有益活动，发展特长爱好。李根兴趣比较广泛，许多文体项目，如篮球、长跑、游泳、钢琴、电子琴、古筝、唱歌、诗朗诵等，他都比较擅长，这些爱好特长，使他在学校和社会活动中崭露头角，进一步增强了自信，愉悦了身心，反过来也促进了他的学习。去年8月，经过层层比赛选拔，他光荣入选北京2008奥林匹克青年营，有幸与

205个国家和地区的青年代表一起学习交流，对李根的触动很大，不仅他的英语水平有了质的飞跃，学习的劲头也更足了。高中毕业会考中，10门功课都取得了A等的理想成绩。

坚持全面发展的教育价值观，既要重视书本知识的学习，也要注重实践锻炼，提高孩子的创新、实践能力。对于求学时期的学生来讲，分数固然重要，但尊重孩子的探索精神以及个性发展尤为重要。从小到大，特别是每年的寒暑假，我们都为他创造条件，安排一些有益身心健康的活动，让孩子在玩耍中学习技能，在生活中增加体验，在实践中提高能力。今年高考结束，李根主动要求到农村体验生活，我们便为他联系了一个郊区的村庄，吃住在农户家，割小麦、喂奶牛，在那里热火朝天地干了一个星期。事后，李根的感触很深，他对我们说："这一个星期，不仅是体力上的锻炼，更多的是思想上得到启发和感悟，特别是乡亲们那朴实、热情的品质，给了我人生路上一笔宝贵的财富。"随后，我们又安排他到工厂、部队等进行了实践锻炼，收获都很大。

二、当好"家长"、"秘书"双重角色，全力做好"双保"工作

我们从孩子很小时，就把身份定位在"家长"和"秘书"的双重角色上，并且'秘书'的分量要占70%以上。作为家长，要履行好监管爱护的职责，不可放任自流；作为"秘书"，就要把孩子放到主体位置，为其提供及时、到位的服务。正如洛克在有名的《教育漫话》中所说："谁希望自己的儿子尊重他的命令，他自己便十分尊重他的儿子。"家长从"秘书"角度处理问题，自觉当参谋、做助手，而非包办代替或独断专行，不但拉近了与孩子的距离，而且能够激发孩子的创造性和主动性，会收到意想不到的效果。

按照"家长"兼"秘书"的定位，我们平时所做的主要工作就

是"双保":一是保护兴趣;二是保障后勤。兴趣是最好的老师,也是最强大的动力。什么事只要孩子有了兴趣,就会以无限的激情投入其中,就会收到事半功倍的效果。在这方面,父母要主动把握孩子的成长规律,努力按规律办事。孩子的成长有着明显的阶段性和关键期,有些时期转瞬即逝。不同的阶段,孩子有着不同的表现,不同的兴趣和不同的追求,作为父母应该及时发现这些变化,抓住机遇,适时施教。总的原则是鼓励孩子自己发现兴趣,并做到"两个凡是",即凡是对孩子有益的,凡是对他人和社会无害的,都给予保护和支持,绝不横加干涉。2006年,李根升入高中,学习的任务更重了,就在其他同学都埋头学习的时候,李根却喜欢上了钢琴。当时,我们也曾担心他过于分心,但在征求班主任老师的意见后,我们坚定了支持李根练琴的想法,并在经济并不宽裕的情况下,为他购买了钢琴。在紧张的高中生活中,钢琴曲始终与李根相伴。事实证明,当初选择学钢琴对他以后的发展起到了积极的作用,在竞选奥运火炬手才艺展示中,李根以一首《雨中漫步》征服了所有评委。对孩子兴趣的保护和发展,换来的是孩子综合素质的提高,以及对父母的理解和感恩。在一次采访中,李根充满深情地对记者说:"我很庆幸我的父母能如此开明,因此我才有机会学到了各种各样的特长。"

保障后勤,就是当好孩子学习生活的"后勤部长"。我们所说的保障后勤,主要是在学习成长过程中,孩子需要而自己解决不了的,应该由家长支持帮助的那部分工作,既包括提供精神动力也包括必要的物质支持。例如:孩子要弹钢琴,钢琴在哪里?孩子要补课,补课老师谁去找?孩子要搞发明研究,必要的经费给不给?特殊的材料谁去买?上初三那年,李根看到妈妈的颈椎病又犯了,产生了研究"升降枕头"的想法,对此,我们既欣慰又惊喜。但搞研究毕竟不那么简单,在经历了几次失败后,孩子不免有些心灰意冷,这时,我们及时给予鼓励,并和他一块分析失败的原因,同时建议他向物理老师请教。中考后的暑假,李根几乎天天埋头在家做实验,我们一边关注实验的进展情况,一边帮他查找相关资料,及时购买所需设备材料。经过一年多的努力,李根终于研制出了能根据人体睡姿调整高度的"电子磁控枕",同时研制出了"磁控双向开关",这两项发明都获得了国家专利。

三、重视投入"6天时间",保持家长与老师的良好沟通

  家长要完全相信学校、依靠老师,同时还要主动与老师多联系、多沟通。学校特别是老师,是学生教育的主体,家长应自觉做老师的助手和后盾。现在教学班的孩子都比较多,老师很难逐个因材施教,做家长的只有主动与老师加强沟通,才能有的放矢地开展教育,孩子才不会出现大的偏差。十几年来,我们做父母的始终重视做好两件事:一是重视开好家长会,把学校组织的每一次家长会都看作重要契机,积极、热心参加,不迟到、不早退,认真听、详细记,必要的时候,会后再与老师就某些问题进行探讨,回到家,把会议内容向家人进行传达,以求达成共识,保持家庭教育的一致性。二是重视加强平时沟通。一般每次大的考试(期中、期末)后,我们都会提前和老师联系,选择恰当的时间,到学校走访老师。走访前有所准备,力求全面准确地反映孩子的情况,交流时有重点地询问孩子的在校表现,注意听取老师的意见。校访既走访班主任,同时也有重点地走访任课老师,特别要走访孩子成绩不理想课程的任课老师。除了固定走访,我们还通过电话、短信等方式与老师保持联系,尤其是孩子情绪有异常表现,或成绩出现大幅波动时,我们都会及时地向老师询问情况,听取其意见和建议。事实表明,这样做有助于老师更加关注和了解学生,也有助于家长开展针对性教育,让我们受益匪浅。

  现实生活中,也有部分家长由于工作忙、事情多,很少与老师

交流沟通。我觉得，这是不负责任的表现，也是极不划算的事情。孩子从小学到高中毕业，一年两个学期，一般每学期1次家长会，1次到校走访，每次家长会或走访按2个小时算，一年8个来小时就够了，12年也就6天左右时间就足够了。作为家长，为孩子牺牲这么点时间应该没有任何问题，相反，如果因为节省一两个小时的时间，少一次和老师的交流，就会失去一次了解孩子在校表现的机会，就可能失掉一个对孩子适时进行教育的重要契机。

四、以身教立身、靠严教立行，保证孩子健康成长

身教重于言传。"父母是孩子的第一任老师。"要坚持寓教育于生活中，努力把家庭变成永不下课的课堂，让家人成为孩子永不生厌的良师益友。特别是在孩子年幼时，家长的一言一行都会成为孩子的模仿对象，父母绝不能给孩子错误的示范，更不要认为孩子年幼无知就在孩子面前言行不谨。我们在平时的工作生活中，说老实话、办老实事、做老实人，待人热情诚恳，工作认真负责，对孩子的性格、品德、作风和倾向产生了积极影响。孩子的爷爷、奶奶也经常与孩子谈心，通过毛泽东、周恩来等伟人，教育孩子如何做事做人，对他的影响非常深刻。

要严字当头，严而有度，教育孩子明辨是非。子女出现了错误和过失，家长必须严肃批评、教育，引导他们学会为自己的行为负责，锻炼他们的心理品质，尤其是在是非原则性的问题上，必须明确地表明父母的立场观点，以帮助他形成正确的世界观、人生观、价值观。在方式方法上，要因人而异，以理服人，正确引导，不能简单粗暴，伤害孩子的自尊心、上进心。考虑到孩子的心理特点，我们的做法是"找准角色、唱好双簧"，一般是他妈妈唱"黑脸"，严厉批评，当头棒喝，甚至给予必要的惩罚，而做父亲的则在事后讲道理、鼓干劲，让他树立信心，这样做，通常都能达到预期的良

好效果。

　　一分耕耘一分收获。我们庆幸李根一直以来都遇到了好学校、好老师，一直以来都受到了学校和社会的关心与厚爱，同时也庆幸我们的家庭教育没有大的偏差，对他的成长起到了积极的促进作用。李根从上幼儿园开始到高中毕业，年年获奖，仅高中阶段就荣获各种奖励20多项，其中省级以上奖励就多达9项，他先后入选北京奥运会火炬手、北京2008奥林匹克青年营营员，荣获全国中学生物理竞赛三等奖、山东省青少年科技创新大赛一等奖、山东省省级优秀学生、山东省省级三好学生、泰安十佳中学生等，并光荣地加入了中国共产党。

　　成绩只代表过去，我们希望，李根以走进北大为新的起点，珍惜生活，感恩社会 用青春和热情去拥抱生活，用心血和汗水去汲取知识，以更好地回报所有关心关注他的师长同学，回报我们日益繁荣昌盛的祖国和社会！

　　"谁言寸草心，报得三春晖。"天下父母无不对孩子充满爱和希望。我们教子的做法并无多少所长，之所以汗颜写出，不怕贻笑大方，希望能对同样在思考并努力着的家长们有所帮助，同时也恳请大家批评指正。

> 家长寄语：给予全面发展的空间，保护有益身心的兴趣，激发自觉向上的潜能，每个孩子都能拥有飞向成功的翅膀！

家长姓名：朱绍平　浙江省人力资源和社会保障厅
学生姓名：朱　艺
录取院系：法学院
毕业中学：浙江省杭州学军中学
获奖情况：2007、2008年杭州市优秀学生干部

唯考北大无遗憾

2009年7月22日，杭州上空出现了五百年一遇的天文奇观"日全食"，而这一天，也是值得我们全家牢记的日子——女儿收到了北大录取通知书。我一边端详入学通知书，一边长长地舒了口气，长久悬着的心终于放下了，只感到一阵释怀和轻松。回想近三年来走过的日子，我心头的感觉就是："唯考北大无遗憾！"

女儿成绩向来不错，活动能力也强。从小学到高中，她一直品学兼优，学习成绩名列前茅。我平常以收藏书籍为好，兴趣所致，凡涉及女儿成长过程中，用纸质记录的点点滴滴，我都会妥善地收藏起来。收到北大录取通知书后，我对女儿初中和高中阶段的各种奖状、荣誉证书进行了整理，一共有二十多种。作为父亲，没有比看到孩子成长中所取得的荣誉和进步更高兴的了！

一

我是78级本科生，读的是哲学。研究生毕业后，一直在机关工作。平时工作当中，我常会碰到北大的教授和学者，谈话中，少不了谈到子女的教育问题。说实话在那时除了对北大的推崇与仰慕以外，还丝毫不敢有女儿考上北大的奢望。

真正开始产生这一想法,是在去年下半年临近期末的时候。一天,女儿回来告诉我们,学校即将开始年级排名,而这一排名直接关系到能否被保送,或被推荐参加北大、清华等学校的自主招生。因为女儿学的是文科,保送无从谈起。但据女儿说,按她目前的成绩,参加自主招生还是很有可能的。经过年级综合排名,女儿有幸被推荐参加北大的自主招生。由此,让我们明白一个道理:尊重女儿的选择,是能够入选北大自主招生的先决条件。

记得女儿在读高二时,在选择文、理科问题上,全家意见稍有分歧。她妈妈大学里学的是理科,考虑到女儿理科功底不差,主张女儿选理科,而我和女儿主张选文科。女儿分析了自己和同学的情况,认为自己尽管理科不差,但要挤进年级前十名还是有相当难度的,若选文科,由于人数少,挤进年级前五名问题不大,这样压力小,心情好,有利于学习,最重要的是自己的确对文科有兴趣,所以她坚决主张读文科。最后我们还是尊重女儿自己的意愿。事实证明,女儿的选择是明智的。一些高一时成绩优于女儿的同学,后来都与北大、清华失之交臂,而女儿最终收到了未名湖的盛情邀约,这也再次证明了兴趣是最好的老师。

进入自主招生填志愿阶段,我们一开始就主张女儿报北大,毕竟那是全国文科的圣殿,是每一个经历过高考的文科生心目中的最高学府,如今,机会降临到女儿面前,怎可轻易放过?可是一天放学后,女儿回到家,郑重地说,今天要跟我们商量一件事。原来,白天在学校,女儿分别与北大、清华自主招生的老师见了面,感觉都挺好。相比之下,清华的自主招生更注重面试时的表现,或许更适合女儿的特长发挥。综合考虑下来,女儿有些心动了,想放弃北大选择清华。听完女儿的介绍,我有些着急了。那天晚上,全家三人,从女儿提出这个想法,到吃饭时讨论,一直到吃完饭移座沙发上,争论还是没有结果。女儿从稳妥考虑,想去清华,但又放不下对北大的向往与留恋。那一刻,复杂而无奈的神情写满了女儿的双眼。

第二天清晨五点半，我就睡意全无。我忽然想起有一位朋友的女儿正在北大读硕士研究生，何不向她请教？打通电话，我跟她说了事情的前因后果，她建议我把电话交给女儿，让她与我女儿亲自说说话。好家伙，打完这个电话，我看了看手表，足足打了一个多小时。在电话中，这位朋友的女儿，与我女儿谈了许多有关北大的情况，中心思想是一个：北大无疑是文科生的最好选择。这天晚上，女儿房间书桌上那方白色的墙壁上，一行用粉红色水笔写成的七个字"唯考北大无遗憾"，正映照在那片夜夜陪伴她温习的橘红色灯晕下。

二

北大自主招生的笔试，安排在2009年1月1日，地点在杭州二中，因离家太远，为保险起见，头一天晚上我们就住到考场附近的酒店中。时值隆冬，天寒地冻，恰好那几天气温又格外低，露天停车场的汽车前窗玻璃上布满了密密的冰屑。为保暖，她母亲特意让女儿穿上了居室棉鞋，既轻便又保温。据别人介绍，脚底的保温，无疑也是对临场发挥的一种助力。

笔试分上下午两场。上午考语文、数学和外语，三科不分场次，时间自由分配，共三个半小时；下午考政治和历史，时间两个小时。中午吃饭加休息仅一个小时。这种高强度的考试，不论对考生的智力还是体力都是一种严峻的挑战，更是一种耐力与意志的考验。一天笔试下来，女儿总的感觉就是量大题难，下午答题似乎要比上午好一些。吃晚饭时，女儿兴致明显比吃中饭时高，边吃边回忆了历史卷子的题目。但总感觉上午的水平没有发挥出来，想到这里，她的担心又油然而生。

笔试后的第二天，全家去电影院看了电影《非诚勿扰》。回家途中，女儿得到确切消息，同班有两位同学进复旦基本已成定局。听到这个消息，我们心里就更加担心女儿的笔试能否通过。回家后我们登录北大招生网，读到一篇参加北大自主招生考试的考生家长的帖子，很受感动，题目是《坚定信心，希望就在前方!》，其中这样写道："能参加笔试的孩子都是各个学校的佼佼者，都是我们父母的心肝宝贝。即便没有通过笔试，我认为也很正常，能通过的说明你真的太优秀了；没有通过的只能说优秀的太多了，你少了一点点运气。这么高的淘汰率，能通过的真是幸运中的幸运。无论结果如何，我们从心里已做好了'裸考'进北大的思想准备，放下包袱，轻装上阵，全力以赴，迎接高考! 只要有梦，就会有梦想成真的希望!"写得多好的鼓励词! 我们全家读后，信心又重新燃起，我们总感觉到希望之火，就在不远的前方。我们一再鼓励女儿，笔试一定会通过的，即使没通过，我们就"裸考"进北大，因为唯考北大无遗憾!

笔试成绩发榜的日子终于在焦灼的期盼中到来了。1月11日早晨，五点一刻左右，女儿打开电脑，输入申请表号、身份证号和姓名，敲回车键前，女儿深深地吸了一口气，然后轻轻一按，屏幕上立刻跳出红字：恭喜你! 接着就是女儿的笔试成绩。女儿欢呼着将双手高高举过头顶，脸上绽放出胜利者的喜悦。这天晚上，女儿书桌上方的白色墙壁上，又多了四个红红的大字："牛进北大。"我看见后，对女儿戏谑地说道："等收到北大通知书的那一天，那就变'牛进北大'为'朱进北大'了，但是，现在下面这个'八'字还没一撇呢。"

三

从得知笔试成绩到面试，还不到一周的时间。北大的自主招生面试时间安排在1月16、17日，在接下来的日子里，女儿投入到了紧张而有序的面试准备之中。如何在较短时间内准备面试并取得成效，对每一位参加面试考生来说，的确又是一场攻坚战。女儿长期从事学校的社团工作，有较强的组织和协调能力，在女儿的倡议下，他们那几个参加面试的学生自行组织、自行演练。面试准备分二段，前半段，将参加北大、清华的面试生分成二组，热点话题分头准备，资源共享。后半段，二组之间轮流担任考生和考官，互相点评，互相促进。事实证明，女儿的这一招还挺管用，有些同学的面试内容还真被考到了。

转眼就到了1月15日。为了适应北京的气候，我们提前一天抵京，在北大西门附近的一家酒店住下。"今年睡墙外，明年睡墙内。"临睡前，女儿突然说了这么一句话，当时，我一下子还转不过弯来，但稍一理解，就领悟了此话的含义，原来，我们住的酒店与北大的围墙仅隔一条马路。面试进行得很顺利。约三点半，便收到了女儿的短信，我们得知考试已经结束。因酒店离学校不远，我们就步行回酒店。据我的初步判断，女儿面试发挥应当是可以的。

由于笔试排名靠后，尽管面试发挥理想，女儿最终无缘20分加分，仅获5分加分。那几天，女儿的情绪出现了少有的低落。学校老师也为女儿仅得5分加分颇感遗憾，但更多的还是给予她鼓励。那几天，我有空就在北大网站上搜索浏览，凡见着有关励志和勉励方面的内容，都拷贝和打印成文，并用红笔划出来，以便女儿用最短的时间获取最大的信息，从而振作起精神来。其中，北大俞敏洪校友在去年新生开学典礼上的讲话，是我重点推荐的篇目之一，文章中的有些话，幽默不乏哲理，生动更见睿智，给女儿留下了深刻印象。而女儿经过面试后，也变得更加沉稳踏实了，其中一个明显的变化就是向老师提问比原来更勤快了。我们全家明显感觉到，经过北大自主招生考试，特别是经过亲身感受燕园的氛围，女儿报考北大的决心和信心更加坚定了。我想，也许这里有一股神奇的力量，似乎像茫茫大海中那矗立着的灯塔，为女儿充满希望的起航确立了方向。

高考前的时日，在默然流逝着。尔后的两个多月中，女儿的情绪一直都比较稳定。为了不让女儿分心，学校也尽量不给她安排社团工作。我们家离学校不远，无论刮风下雨，她妈妈每天晚上九时一刻左右，都会去校门口接女儿，既为了陪女儿走走路，更重要的是，能借这个机会和女儿一起说说话，以缓解女儿一天下来的学习压力。回到家里，妈妈还总要给女儿做些可口的点心。那段时间，只要我在家，也总是抓住这个空当与女儿聊聊天，既可以了解女儿的学习情况，也可以掌握女儿的情绪变化。同时，为了节省时间，我会在女儿吃点心的时候，打开电视机，播放一些较好的碟片。女儿较感兴趣的有两类，一类是历史文化片，如《竹林七贤》等，一类是赵本山的小品。前者可以获取传统文化和国学知识，后者有学习幽默语言和放松精神的双重作用。

春去夏来，高考的日子到了。高考前一天的晚饭后，我们全家三人，又按平时惯常的线路，到我家附近的浙大西溪校园散步。略带暑气的轻风拂面而来，我感觉女儿情绪稳定，充满了跃跃欲试的信心。

两天半的高考，在难熬而揪心中过去了。回想起来，也有一些温馨难忘的场景。其中最感人的一幕，出现在高考的第一天上午，等我们送女儿到达学军中学门口时，人头攒动，熙熙攘攘，除了一条让考生走动的通道外，两旁都是赶考的学生和陪同的家长。往里看去，女儿的班主任金老师身穿大红的连衣裙，与其他任课老师列成一排，早已在那儿等候同学们的到来，只见每一个任课老师与同学击掌以后，都给了他们一个大大的拥抱。我发现，特别在班主任怀里，女儿停留的时间长了一些，后来女儿说，当时的场景，令她和在场的同学十分感动，在班主任怀里情不自禁地淌下了热泪。我虽然带了相机，但由于距离过远，加上人群密集，没能抓住这一感人的场景，现在想来还是心存遗憾。

高考成绩终于出来了，结果还是令人满意的。那天在网上填完志愿后，女儿犹如历经了一场波澜起伏的交响乐，终在大提琴的舒缓声中慢慢平静下来。正式收到北大录取通知书的那个晚上，我看见了动人的一幕：女儿在"牛"字上，重重地加上了一撇、一捺。"牛进北大"终于变成了"朱进北大"！

  我再一次拿起女儿的北大录取通知书，它是那样的庄重厚实，它是那样的清新典雅，它是那样的疏朗俊逸。为了它，女儿付出了太多的努力与奋斗，老师付出了太多的汗水与劳动，家长付出了太多的牵挂与陪伴。但是，所有的这一切，与沉甸甸的录取通知书比起来，都是值得的。

  再过几天，女儿即将步入燕园，犹如王国维先生所说的，这只是学习乃或是人生的第一个境界："独上高楼，望尽天涯路。"作为父亲，我将给女儿以更多的勉励与支持，小至买书读书、日常日记，大至人生观、世界观。行文至此，想起前两日凑成的四句小诗，录在后面，作为本文的结尾：

  博雅塔前艺精湛，未名湖畔写华章。

  雏凤老凤题燕园：唯考北大无遗憾！

家长寄语：唯考北大无遗憾。

挖掘潜质，因势利导，放飞希望

家长姓名：党志红　孟　群
学生姓名：孟宇琦
录取院系：生命科学学院
毕业中学：吉林油田高中

挖掘潜质，因势利导，放飞希望

每个孩子都是父母的杰作，父母要发自内心地欣赏他们，从心底关怀爱护他们，不断地挖掘他们内在的潜质，也许有一天，他们的才智会像火山爆发一样，让你没有准备，让你感叹，让你惊喜。

当在网上查到儿子被北京大学录取时，我们的心里有说不出的喜悦与自豪，总结儿子这十几年来的成长过程，可以说我们是有一些成功的经验，也有不少失败的教训，我们愿意和大家共同探讨、分享。

在日常生活中，注意培养孩子的自立能力

孩子小的时候，因为我们是上班族，工作都很忙，还要抽时间学习业务，每天照顾孩子的时间很少，从儿子上学前班开始，他就自己整理文具、书包，每天回家第一件事就是把老师留的作业尽快做完，然后做他自己喜欢做的事，等我们下班。

稍大一点我们就教他自己叠被子、整理衣物，后来他自己的东西放在哪都很有规律。

培养良好的学习习惯和自学能力

儿子上学前班时，学习珠脑速算课程，很多家长都跟着孩子学

习，给孩子辅导，我们没有那样做（也是因为工作太忙），有几次儿子算得慢了，被老师批评了，儿子很着急，就让我们给他出题，不吃饭也要算完，还让我们帮他验算练习结果，速度和准确率很快得到提高，在学区珠脑速算比赛中取得了很好的成绩。

上小学开始，我们就让他自己带钥匙，放学后自己回家。回家后，写完作业，有时没事做，他就自己看一些课外书或课本，有时把老师没留作业的练习册多做出一些来，时间长了，老师没讲的课程那部分的练习他都提前做完了，逐渐养成了自己想办法学习的习惯。遇到难题时，也是自己先想，搞不明白再找相关资料，实在不行问家长或老师。

平时上课他也认真听讲，特别是自己预先做的练习题遇到的不太明白的地方，经过老师的讲解和分析，他就掌握了。

很多孩子都参加各类课程辅导班，儿子基本都不参加，他认为浪费时间，我们也不强求。上高中的奥赛辅导，他去了几次后，感觉没什么意义，没有深度，不如自己看看书，他就在网上买了一套资料，看了一遍，通过自己的学习，在后来参加的吉林省数学、物理、化学竞赛中都获二、三等奖了。

活学活用方面儿子做得也不错，有时他还会给我们讲一些物理和化学方面的原理，这可能与我们给他买的一些科普书籍有关系，比如《进化论》、《果壳中的宇宙》、《时间简史》、《物理的奥秘》等。

从小开始培养孩子独立理财的能力

从上学开始，儿子的压岁钱就由他自己支配了，平时不给他零花钱，他就把压岁钱分成几部分，存起来一部分，留出一部分做零用钱，他大部分零用钱都用来买他喜爱的漫画书、动画片碟，有时长辈过生日、母亲节他还会给我们买点小礼物，我们也不干涉他的理财计划。

后来上了初中，家里实行了学习成绩奖励制度，如果月考以上的考试进入全校前100名奖励100元，进入全校前50名奖励300元，进入前10名奖励500元，这个奖励制度一直持续到高中毕业，儿子在家里得了不少奖学金呢。

除在家得奖学金外，我们也把因为他的成绩在全校前50名，学校免的学费给他存到他的账户作为奖励。高中二年级，在全校总成绩排名中，他排到了第13名，学校也发了500元奖学金，他请亲戚和同学们吃了顿饭。说我长大了，是自己得到的第一笔财富，要和大家一起分享。

他还用自己积累下的这些奖学金，买了天文望远镜、显微镜、DVD影碟机、DVD刻录机等自己喜爱的东西。

注意培养多种爱好特长

没上学时，儿子的奶奶教过他弹电子琴。后来上了学前班，班级有个小木琴，儿子上去弹了几下后，就找到了规律，弹了首曲子，让老师很惊讶，就和我们说儿子很有音乐天赋。儿子上小学五年级时开始学小提琴，每周学两次，后来因为上了初二，课程也多了，就停了，但现在有时间他还拿起来拉一拉最喜爱的《梁祝》。

小学二年级开始，儿子便开始学习软笔书法，每周二、周五、周日晚都到学校练习一个小时，学了一年多，书法班解散了后，又学了国画、围棋等。

体育方面儿子爱好较少，平常不太爱运动，我们就想方设法让他动起来，有时早上带他去跑步，有时单位组织排球赛，让他给我们当陪练。初四的暑假也很长，那时我们这个小城唯一的游泳馆开业了，我们就给他报了名学游泳。那个暑假，他如鱼得水，把所有的泳姿都学会了，在游泳馆泡了一个夏天，以后，每个假期都去游泳，身体素质得到了提高。

正确使用电脑和网络

我们都是计算机专业毕业的,平时工作都在电脑上做,儿子小的时候,偶尔周六周日带着他来单位加班,他对电脑非常感兴趣,当时家里怕影响他学习就没买电脑。等儿子小学三四年级的时候,有一次我们发现他和一个同学去了网吧,那时网吧还没有网络,都是单机版的游戏,我们非常震惊,这么小的孩子就去网吧,不是完了吗?经过一番反省后,最终买了电脑,像大禹治水,洪水来了不能堵,要正确疏导,于是很多需要周六周日加班的工作,我们拿回家做,陪孩子,引导他正确地使用电脑。记得当时我们给他找了几个趣味的游戏,如《大唐诗词录》、《大航海时代》、《三国》等,陪孩子一起玩。儿子很喜欢《三国》,他自己买了本《少年版三国》,认真读了五遍,对三国人物非常的了解。

上初中,很多同学都开始玩网络游戏,纷纷去网吧,儿子也有些动摇,后来经我们商量后,家里也装了宽带,主要想让他感受一下,电脑和网络的主要用途不是玩游戏,而是发挥信息资源的优势,充实自己、丰富视野的工具。随后,他在网上开了自己的博客,把每天的感想记下来,还结识了许多的朋友。就像是预防针,他的电脑和网络这关算是过来了,我想儿子上大学后,独立生活了,也不会沉迷于网络。

经常带全家去郊游和旅行,开阔视野

儿子小的时候,周六周日只要我们有时间就会骑着自行车带他去郊游,去田间农家认识各种蔬菜,去采菱角,去雨后的树林采新鲜的蘑菇,去看开满荷花的荷花池,去松花江边看大江东去,看日出日落。

儿子第一次到北京时正在读学前班，记得他最大的心愿是瞻仰他最崇拜的毛泽东主席的遗容，我们满足了他这个愿望，随后还带他去了后来让他神往的北大。

儿子初二后每年的暑假，我们都会全家自助旅行。我们带他去看海，感受海风，感受巨轮航行时，海水掀起的层层浪花，海鸟跟着浪花飞舞，看海上升明月的那份和谐和安详。我们还带他去呼伦贝尔大草原看风吹草低现牛羊，感受当年成吉思汗跃马驰骋，感受草原的辽阔，感受草原明珠呼伦贝尔湖的秀美，感受边陲城市满洲里的异域风情。我们还带他去拜先贤孔庙、孟庙，登泰山看日出，一览众山小。我们还带他去江南水乡感受吴风古韵，感受千年的中华文化，去与世界先进文化接轨的上海感受大都市的快节奏的气息……

对于高考，我们是战略上重视，不给孩子施加压力，做最好的自己

考试有很大的偶然性，也有必然性，一直认为儿子很有实力，按高二期末的成绩，在自主招生时给儿子报了上海交通大学，儿子也顺利地通过了考试取得了资格。临近高考时，儿子的成绩较高二有所提高，我们分析，按实力发挥得好上北大没问题，发挥得不好，有上海交大的自主招生加分，上海交通大学也定能考得上的。在这种情况下，我们没有了思想负担，放手一搏，结果儿子一举夺得本市应届生第一的好成绩，这个成绩是他上学后，考得最好的一次。

高考结束了 在人才济济的北京大学里，我希望儿子能向全国这么多的优秀学子学习，取长补短，在文化底蕴丰富的北京大学充实自己，让自己的羽翼更满，在知识的海洋里尽情地翱翔！

也许每个孩子和每个孩子不同，但我相信，只要正确引导好，发现孩子的长处，我们的孩子就可能是又一个爱因斯坦、贝多芬、达·芬奇……

家长姓名：程彩龙　江西化纤化工有限责任公司
学生姓名：程宇清
录取院系：物理学院
毕业中学：江西省江西师范大学附属中学
获奖情况：第25届全国中学生物理竞赛决赛三等奖、第25届全国中学生物理竞赛江西赛区第一名、2008年全国高中应用物理竞赛江西赛区第一名、第24届全国中学生物理竞赛三等奖

我努力我成功

儿子有幸被保送北大给全家带来了无限的荣耀，尽管时间过去半年多了，我们仍然沉浸在无比的喜悦之中，在此衷心地感谢这一路走来给儿子以帮助的老师、同学、朋友们！回首这一艰辛而光荣的历程，我们认为儿子能有今天的成功——梦圆北大，除了努力还是努力！

"书山有路勤为径，学海无涯苦作舟。"其中的道理相信很多人都明白，但真正能让孩子努力再努力直至考上理想的大学并不是孩子单方所能做到的，需要多方的努力才行，这一点可能有许多家长并不清楚，当孩子成绩不理想时一味责怪孩子不努力，这是非常不可取的。

良好的学习氛围是孩子努力学习的保障。古人云："物以类聚，人以群分。"要想孩子努力学习，选择一所好的学校，特别是在当今诱惑太多的社会显得尤其重要。儿子能就读于江西师大附中是他的福气，也为他今天梦圆北大的有力后盾。江西师大附中是江西第一名校，纯正的教风、学风培育了无数的学子，使他们能够走进名校

继续追寻自己的梦想。在四年里江西师大附中出了三个省理科状元并均被北大录取，有人会说这有其偶然性，但真正了解这所学校你又会觉得有其必然性。儿子所在的高三（1）班，不仅老师优秀，更聚集了许多各科成绩非常拔尖的同学，大家既是竞争对手又是良师益友，你有难题总有同学能帮你解答，谁也没有绝对的优势，稍不小心，成绩排名就会后退好几名。儿子在物理上有一定的优势，每天都要帮助许多同学解答难题，同学们都亲切地喊他"物理小王子"。在这样的班上课学习是愉快而紧张的，想不努力都难。

老师的真诚鼓励是孩子努力的动力。孩子在学习上遇到挫折时需要的是鼓励而不是教训，取得成绩时需要的是鼓励而不是告诫。"忠言逆耳利于行"吗？忠言为何非要逆耳而不能顺耳？要知道很多时候逆耳的忠言并不利于行，反而让人一意孤行，优秀的教师大都明白这一点。刚进初中和高中的儿子成绩总是不太稳定，但经过一年的磨合后总能给人惊喜。记得初二时儿子的班主任在班会时说："程宇清是我们班上冉冉升起的一颗新星。"高二时儿子的班主任在课堂上说："程宇清是我们班上跑出的一匹黑马。"儿子的强项是理科，如果仅把数理化成绩排名他常常是年级第一，但也有失手的时候，有一次他的数学考了135分，数学教师在班上说："你也该跌一跌了，不能总是你第一。"有一次他的物理成绩只考了85分，物理教师在课堂上说："一次考试考不塌你。"诙谐而信任的鼓励给了孩子无穷的力量。儿子以江西省第一名的成绩出席在北京举行的第25届全国中学生物理竞赛决赛，因急性肠炎考试期间停考了一个多小时而未取得好名次，当他回到学校走进教室，班主任和同学们仍以热烈的掌声欢迎他。

家长的积极配合是孩子努力的保证。帮孩子做好学习以外的事情是家长的责任。孩子的时间是宝贵的，孩子需要时间学习，需要时间玩。玩是人的天性，家长不能阻止只能控制。每年寒暑假，儿子每天都要打一小时蓝球，上网玩半个小时的游戏，这是他释放学习压力的最好途径。学习上的事情家长也是要关注的，通过他所做的作业，考试的排名和教师的交流，只要他保持乐观向上的态度就行，不需每次考试成绩都好，他知道如何把学习搞好。生活上有时儿子赖床，如果当天没课，我们不强迫他起床，也许昨天晚上他太辛苦了，也许他想美美地睡一觉补补这一星期来的劳累。有时儿子对我们发脾气，我们既不往心里去，也不对他说教，因为我们知道也许儿子遇到了不顺心的事，学习上有所困惑，和同学教师有矛盾，他只有向我们发脾气来缓解心中的压力。保持好成绩考上理想的大学正是孩子们当前的事业，他们承受的压力远比我们做父母的大，只要我们积极地配合，他们想努力也是很容易的事。

"十年寒窗苦，一朝天下知。"有努力就有成功！

家长寄语：少壮不努力，老大徒伤悲。

家长姓名：魏文广　河北省阜平县建设局
学生姓名：魏佳林
录取院系：数学科学学院
毕业中学：河北省衡水滏阳中学

与孩子一同前行

一、感悟

如果孩子是一朵鲜花，那么我们家长就是一片沃土，为他输送营养，让他绽放得更加美丽鲜艳。

如果孩子是一艘轮船，那么我们家长就是一把船舵，为他把握航向，让他乘风破浪，扬帆远航。

如果孩子是一架飞机，那么我们家长就是那宽阔平坦的跑道，为他铺垫理想，让他腾空而跃，尽情地去天空翱翔。

孩子，你在一天天长大，爸爸妈妈跟你一同前行！

二、喜悦

2009年的7月，我们收获了希望，收获了喜悦，收获了梦想。

那天，妈妈接了一个电话便匆匆离开了家，她骑车来到邮局，取出了那个邮递快件，将它轻轻地放在了车筐里。她没有骑车，只是推着车子在大街上慢慢地走，一直走到家。她小心地把快件放在了沙发上，静静地坐在那里看着"北京大学"这几个字发呆。妈妈没有将快件拆开。她想让那个快件在那里静静地等待被它的主人开启。

那天,爸爸给妈妈打了一个电话。"通知书到了吗?""到了。""取回来了吗?""取回来了。"爸爸不到下班时间便匆匆赶回了家,在那个装着北京大学录取通知书的快件前注视了好久。

通知书的分量不重,但其承载的价值却比黄金珍贵,比黄金还沉。

儿子轻轻地拆开快件的信封,轻轻地取出快件里的东西,一脸的严肃,一脸的平静,与往日一样。

妈妈凑在儿子旁边一同细看着通知书上的每一个字,一同念着通知书上的每一行字。

爸爸珍重地把通知书放在沙发上,一个劲儿地用手机拍照,横着拍,竖着排。好长一段时间,那张通知书的画面成了爸爸手机的待机画面,一有时间他便会凝视好久。

收到北大的录取通知书后不久,爸爸、妈妈、儿子三个人的手机便经常接到亲戚、朋友、同学和同事的问候、祝福。

阜平,这个河北保定最西部的小山城轰动了。"今年高考阜平又出了一个北大生!"成了街谈巷议。

这是阜平的骄傲!这是学校的骄傲!这是老师们的骄傲!这更是爸爸妈妈的骄傲!

三、回想

捧着沉甸甸的通知书,一家人陷入了沉思。

那个三岁男孩因为淘气被爸爸从办公室兼卧室的屋里踹到了门外。

那个四岁男孩坐在妈妈上课的教室外的墙脚,在大冬天里小手冻得通红通红,泪珠儿快被冻成了冰。

那个五岁男孩因为在妈妈不在家时拿四毛钱买了雪糕,小手挨了妈妈的小戒尺。

那个九岁男孩脸上的手指印是因为他在一个暴风雨的夏天随人去了网吧挨了爸爸的打……

爸爸妈妈一想起来这些往事便觉得既心疼又心酸。

那个六岁男孩没有进学前班，却坐在了乡下一所小学一年级的教室里认真听讲 虽然不算这个班的学生。

那个七岁男孩从小学一年级开始就当班长，一直当到初中、高中，受老师喜欢 受同学拥护。

那个上小学的男孩利用课余时间啃完了几本《少年百科全书》。

那个上初中的男孩常在家里读红楼、品三国、看西游、研水浒……

爸爸妈妈发现儿子爱读书，便不断地从学校往回借书，从书店往回买书。全家人共同体味着书中的快乐和收获。

那个在中考中考了全县第二名的男孩背起书包，拎着行李走出县城到一百多公里外的保定一中开始独立打拼。三年努力后考取北京交大的男孩并不甘心，独自报名去了衡水中学复读，一年只回一次家，一个月只出一次校门。一年的艰辛圆了自己的北大梦。

爸爸妈妈为这个男孩成为光荣的"北大人"而自豪！

四、感慨

"宝剑锋从磨砺出，梅花香自苦寒来。"回想孩子的成长过程，我们的心中禁不住感慨万千。经验谈不上，唯有些许体会值得咀嚼、回味。

第一，要树立远大理想。理想是一个人毕生为之奋斗的目标，也是一个人自身价值的最好体现。阜平，是块红色的土地，这里有光荣的历史和优良的革命传统。生活在这块土地上，我们无时无刻不在接受着爱国主义、革命英雄主义的熏陶。一是孩子耳濡目染，二是时常教育孩子要报效祖国、回馈社会、服务人民,特别是在当今时代,这一点尤为重要。周恩来总理从小就知"为中华之崛起而读书",我们的孩子应该"为中华之复兴而读书",孩子要树立崇高而远大的理想,为国家振兴、民族繁荣、社会进步作出贡献。闲暇时,我们经常和孩子谈论伟人们的丰功伟绩。假期更是买回光碟,一遍又一遍地看《汉武大帝》、《康熙大帝》、《贞观长歌》等历史影视剧,从中领略帝王风采和治国情怀。

第二,要塑造优良品质。正直、仁义、孝顺、谦虚、坚强等优良品质的形成要从孩子小时候抓起,从一点一滴抓起。把这种优良的品质融入他的思想里,体现到行为上,对孩子的成长非常有益,可以使他在将来成为对国家、对人民、对社会有用的人。

第三,要培养好的习惯。孩子好的行为习惯和学习习惯必须从点滴养成。无规矩,不成方圆。从生活作息到学习安排,在上学前我们就做了详细的规划。早饭必吃,在校园里不吃零食,上学提前几分钟到,放学后及时回家,正确处理好做作业与看电视的关系,引导孩子实现愉快看电视、高兴做作业。创建平等、民主的家庭环境,利于家长与孩子的沟通,便于对孩子的正确引导。为了沟通,我们常在闲余时间陪孩子玩打坦克、插俄罗斯方块等游戏,这样,与孩子做朋友,更有利于孩子随时接受教育,有利于孩子好的行为习惯和学习习惯的养成。同时,这样做便于为孩子释惑答疑,提高他的辨别能力和认知度,利于孩子良好性格的形成,变相地提高了家长的引导力。

五、希冀

十三载寒窗苦读,十三载艰辛求索。孩子终于圆梦北大,成为一名光荣的"北大人",这是新的起点,也是新的征程。他拥有了在巍巍博雅塔下,融融未名湖边求学问道,享受中国最高学府优质教育的宝贵机会。从此，他会满载着理想和执著追求的小舟，行进在广阔无垠的知识海洋，去书写人生的崭新篇章，攀越更高的理想山峰。

"海阔凭鱼跃，天高任鸟飞。"我们相信，在北大，他会志存高远，展翅高飞；在北大，他会挖掘深层潜能，锤炼优秀品质；在北大，他会克服各种困难，保持积极向上的心态；在北大，他会丰富自己的人性，创造新的人生辉煌；在北大，他会增进友谊，加强合作，学会取长补短，丰富完善自我；在北大，他会应对挑战，规划未来，扬起生命的风帆，驶向成功的彼岸。

祝愿所有的北大学子学业有成！

家长寄语：辛勤付出就有回报。

家长姓名：田永强　中国农业发展银行河南省分行
学生姓名：田马爽
录取院系：国际关系学院
毕业中学：河南省郑州市第一中学

梦圆北大

7月24日，晴。郑州连日来闷热的天气在雨后凉快许多，晨风裹着丝丝凉意飘进窗来。吃罢早饭，我精神愉悦地跨进办公室开始了一天紧张忙碌的工作。

铃！铃！铃！……一阵急促的电话铃声响起，我拿起话筒，是儿子母校老师打来的电话："恭喜你！田马爽的北大录取通知书已到，请速来取回。"当我看到红底金字的"北京大学录取通知书"时，我激动、兴奋的心情溢于言表。我长长地舒了口气，情不自禁地说："儿子啊，你终于实现梦想了，你的爷爷也可在九泉之下瞑目了。"

梦想之旅

北大，令多少莘莘学子梦寐以求；北大，令多少英雄豪杰魂牵梦萦。我打心底仰慕北大。每逢到北京出差，总忘不了到北大走一走，看一看。每次到北大，都会有不同的感受，而唯独1996年夏天带儿子去北大那次更是记忆犹新、不同寻常。

那一年，儿子刚6岁。我和爱人趁暑假带着他到北大参观，也正是这次参观开启了他的梦想之旅。

这真是一块圣地。未名湖湖光塔影，飞阁流丹，槛外山光、窗中云影。美丽的燕园古朴幽雅……这是多么好的学习之地啊！置身于其间，儿子显得异常兴奋，没有感到一丝疲倦，一边走，一边问，我更是一路介绍。爸爸："什么叫一塌（塔）糊（湖）涂（图），……环境这么好，我将来要是能在这儿上大学该多好呀……"稚气未脱的小孩，问题一个接着一个。我说："孩子，一塔湖图不是'一塌糊涂'，而是指北大的博雅塔、未名湖和亚洲最大的图书馆，这些都是北大的代表景物。校园又称燕园，在明清时代曾是皇家的'赐园'。她不仅风光好，更是人才成长的摇篮，堪称大师之园。这里既有胡适、冯友兰、任继愈、季羡林等享誉中华，更有李政道、邓稼先、杨振宁、钱三强等一大批卓越科学家饮誉海内外。"我一口气列举了很多名人，原以为懵懂无知的小孩对名人一无所知又不感兴趣，谁知他又问："鲁迅是不是？李大钊是不是？'五四'是咋回事？"一连串的问题又让我感到惊讶不已。

那是一次梦想之旅，也可以说是一次立志之旅。我和儿子游览过无数名山大川，在他的记忆中唯独对那次北大之旅记忆深刻。我不知道儿子到底记住多少，理解多少，但"一塔湖图"在他的脑海中却打下了深深的烙印。

父之夙愿

2009年春节期间，我带着妻儿回到农村老家看望父亲。我的父亲是一位退休教师，今年已76岁，前年因胃癌做过大手术，身体一直很虚弱，但他老人家在教育后代上学读书方面却一刻也不忘记。我们围坐在父亲的身边，父亲瘦弱的手颤抖着把孙子拉在怀里，语重心长地说："听说你在学校学习成绩很好，还在北大自主招生考试中被录取了，是真的吗？"儿子爽快地回答："爷爷，是真的！我决不辜负您和全家人的希望，发奋努力，争取在高考中取得好成绩！"听着孙子的回答，老人满意地笑着说："你要考上北大，你爷爷我可要到北京去看你了。"

今年春节过后，老人的身体一天不如一天了。四月初，我请假回老家侍候奄奄一息的父亲。老人瘦得只剩下骨头，连说话的力气都没有了，躺在床上靠输液维持生命。为了不影响孩子的高考，我始终没把这事告诉他，好让他安心学习。一天，我正准备给父亲翻身擦洗的时候，父亲侧着头，凝视着墙上悬挂的我的博士照片，嘴一张一合，声音很微弱。我赶紧把耳朵贴到父亲的嘴边，只听父亲说："我可能不行了，本想亲眼看一下他的北大录取通知书，恐怕来不及了……"我赶忙说："爸，您老不要多想，马上要高考了，他正在全力准备，等他一考完就回来看您。您放心，您孙子会考上北大的。"老人嘴角往上翘了翘，脸上露出了一丝笑容。5月4日，慈爱的父亲大人离开人世，而远在郑州准备参加高考的儿子却并不知晓。

成长轨迹

儿子生于1990年11月，那一年农历为马年。当时给儿子起名字时，联想到田忌赛马的典故，就给他起了个带马字的名字，希望儿子能像一匹骏马一样纵横驰骋。时光荏苒，岁月如梭，孩子从呱呱坠地到咿呀学语，从懵懂无知到日渐成熟，孩子在一天天长大，世界观在一天天形成，转眼已长成一米八高的大人了。回顾其成长历程，从小学到初中，从初中到高中，三个阶段均留下了令人难忘的成长轨迹。尤其是初、高中阶段，更是曲折跌宕。

在初中阶段，由于就近划片入学的原因，儿子进入了一所很不起眼的中学。一天，我在询问儿子在学校的感受时，他非要求转学不可。我说，现在正处在学期中间，转学谈何容易啊。他说着就流下了眼泪。我此时方意识到"孟母三迁"的真正含义。在一次孩子和同班其他同学外出打电子游戏的事被发现后，我断然决定，让孩子离开这个环境，并将他送到了郑州市一所著名的中学学习。环境改变了。儿子的自我约束和控制能力也随之在增强。经过紧张的学习，2006年他终于以郑州市前100名的成绩被郑州市第一中学录取，同时，也更加坚定了他上北大的信心。

在高中阶段，儿子的学习压力逐渐加大，但我们都深知学习每用功一点就离北大这个目标靠近一点。然而，就在高二文理分科的节骨眼上，我和儿子发生了分歧。儿子倾向于学理科，而我倾向于学文科。这倒不是我的偏好和工作性质使然，而是我从儿子的综合素质和个人潜能、发展前途等各个方面综合考虑得出的结论。于是我和儿子进行了推心置腹的长谈。儿子终于同意学文科了，我就去做学校的工作，硬是把孩子从已开学两个多月的理科班转到文科班。在今年元月中旬的北大自主招生现场，孩子惊人的表现令主考官惊讶，追问孩子："你在哪里学到这么多知识？"今年高考，他发挥正常，顺利被北京大学录取，终于实现了目标。

学习感悟

莘莘学子，壮志难酬，过江之鲫，能有几何？在河南百万考生大军中，能跳过"龙门"的终究是少数。在儿子成功的背后，我深深地感悟到家长在助推学生学习过程中要注意以下几个要点：

一是目标必须明确。取法乎上，得乎其中；取法乎中，得乎其下。必须"法"上，而不能"法"下，目标必须订高，这是灯塔，是驶向目的地的动力和归宿，即便在黑暗中也能指引你驰向彼岸。所以，我在选目标的时候，就把目标锁定在北大。目标选定好，就要朝这个方向努力。时时以此目标进行激励和鞭策，并把实现目标作为一种动力融化于心。

二是因材施教。每个人来到世上自身都孕育着生存和发展的才能。就象小树一样，有的长得高大粗壮，有的长得娇小玲珑，有的长得歪七竖八。和树不一样的是人有思想，有自我改造和自我提升的本能。存在影响意识，意识支配行动。由于人与人不一样，因此，对每个人的教育也不能采取一个模式，千人一面，万人一孔，而应根据每个人的不同情况施以不同的教育。初、高中时期我对儿子学习的几次大幅调整均体现了因材施教这一原则。

三是勤奋永恒。书山有路勤为径，学海无涯苦作舟。勤奋和永恒是通向成功的不二法门。人再聪明，不努力也很难达到理想的彼岸。儿子的成功，凝聚了太多的心血和汗水，尤其是高中这几年，节假日几乎都没有休息过，每天夜里不到十一点不熄灯，早上六点钟就起床。滴水终穿石，天道终酬勤。

四是要有优良的环境。孩子学习既需要外部良好的学校学习环境，更需要良好的家庭学习氛围。在软环境上，要尽力为孩子营造一个好的学习空间。我的家可以说是一个学习型家庭。我在金融部门工作，爱人在高校当教师，我们的行业性质都要求我们不断学习，儿子耳濡目染，无形中受到影响。几年来，全家每天晚上除了看电视新闻节目外，很少看电视娱乐节目，把大部分时间都用在了学习上。在硬件环境上，要为孩子搭建良好的学习平台。只要是孩子需要的学习书籍，不管多贵，我都会满足孩子的要求。在学习上要舍得投资。

未来希冀

踏入北大校门只是人生的第一步，就像万里长征一样，才刚刚开始，以后的路还很长，面临的困难和挫折还很多。前边的道路充满了荆棘和坎坷，需要调整好心态正确面对。四年的象牙塔生活，要更好地锤炼自我、修炼自我。相信孩子在北大老师的精心培育和同学们的帮助下，不断提高自我学习、工作、生活的能力，做一个有用的人、一个大气的人、一个德智体全面发展的人、一个对国家对人民有突出贡献的人。

家长姓名：孔庆福　湖北省襄樊市保康县马良镇深溪河村3组
学生姓名：孔中华
毕业中学：湖北省襄樊市保康县一中
获奖情况：多次获省体彩中心的助学金和韩揆奖学金

甘做孩子的铺路石

我女儿终于考上北大了！

这不仅是我家的荣耀，也是我们全村、全镇乃至全县人民的光荣。她毕竟是恢复高考制度以来，我县考取的第一个北大生啊！

我没有完全沉浸在幸福中，我对孩子一路走来的艰辛历历在目，感叹欷歔。

我家居住在高寒山区，自然条件恶劣，经济十分贫困，但高中毕业的我对于"知识改变命运，行动成就卓越"的格言本悟颇深。在女儿小的时候，我就培养她吃苦耐劳的精神，爬坡上岭，下地干活，她总是跟在我身后；上小学时，她翻山越岭，早出晚归，乐此不疲。放假时，她会帮我做力所能及的事，不管多累，她都没有放松学习。从小学起，她就养成了良好的学习习惯，是一个乖乖女，更是一个好学生。

每每在星空璀璨的夜晚，我和女儿坐在老桃树下，仰望深邃的苍穹，远眺黑魆魆的群山，畅谈理想。我问女儿的理想是什么，她手托下巴，斩钉截铁地回答："我长大了要上北大。"我听了，心里比喝了蜂蜜还要甜。

初中时，女儿在离家近30里的镇上读书，每个周末都得步行两三个小时回家，周日下午又得返回学校，但她从未叫过一声苦，喊过一声累，我感到很欣慰。在学习中，女儿的成绩并非一路飙升，有时也起伏不定，我会及时给予她安慰与鼓励，并帮助她分析原因，查找根源，促使她不断进步，向目标一步一步地靠近。

上高中时，女儿在一百多公里外的宜昌读书，一学期只能回家一次。我忍受着母女分离之苦，为了让女儿静下心来学习，无论是书信交流，还是电话沟通，都做到报喜不报忧，让女儿在轻松畅快的心情下学习。去年高考时，一向成绩优秀的女儿仅过一类线20分，被外省一所大学录取。我没有责备她，而是征求她的意见："去上，我可以倾全家之力，举债让你去读；如果你认为你的实力不当如此，尚有潜力可挖，还想圆你的北大梦，你就去复读，我再苦再累也无怨言。"女儿听了我这一番话说："妈，我还是不甘心，我要去县一中复读！请您支持我。"听了女儿的话，我心里很敞亮，我轻轻地拍拍她的肩膀，说："明天妈就送你去县一中。"

到了县一中，一切对女儿来说都是陌生的。作为复读生，女儿有些自卑，怕同学瞧不起，排斥她。觉察到女儿的这种心理，我就时不时地到学校看她，鼓励她积极参加课外活动，主动与同学交往。

我的文化水平不高，只能在女儿的成长道路上充当铺路石的角色。我的体会是：第一，让孩子从小树立远大的理想，在行动上要脚踏实地，一步一个脚印；第二，要善于发现孩子的优点和取得的成绩，并及时给予鼓励与表扬；第三，允许孩子犯错误，但不允许犯同样的错误。

女儿终于梦圆北大。进入理想的大学，标志着女儿有了一个展翅高飞的平台，但并不等于她铸就了人生的辉煌，未来的路还很长，正所谓"人生弯弯曲曲水，世事重重叠叠山"。我希望女儿可以在北大那个令众多学子向往的殿堂中，热情去奔跑，勇敢去超越，拾掇失意后的坦然、挫折后的不屈、艰难困苦后的从容，不断充实自己，做一名合格的北大人！

家长寄语：环境造就人才，知识改变命运！

家长姓名：马衍军　山东省肥城市湖屯镇初级中学
学生姓名：马　倩
录取院系：历史学系
毕业学校：山东省肥城市第一中学
获奖情况：山东省优秀学生干部、山东省三好学生

感谢工作

感谢工作，使我从此有了"教书匠"的雅号、"孩子王"的头衔，让我结识了同为教师的妻子，有了聪明可爱的女儿。此后的世界多了一个幸福的小家庭。

感谢工作，每月可以领到一份为数不多的薪水，虽然日子不算富足但不必为温饱问题而发愁，生活虽平淡却有规律。我可以有较多的时间与女儿待在一起，育女教女，不再像我的父兄们那样，有着面朝黄土背朝天的艰辛，有着为了生计而奔波的疲惫，与他们相比，我与女儿真的算是幸福的了。

感谢工作，让我有时故意显现"忙碌"的身影，让咿呀学语的女儿开始留在家中自己穿衣、洗脸、吃饭；四五岁时能独自穿越三四百米长的街道，背起小书包到幼儿园找小伙伴玩耍，回家后，兴高采烈地与小画书为伍、与小玩具为伴；10岁时能自己在新的家中和新的学校中独自照顾自己；12岁后独自到40华里外的县城求学，自己开始决定自己的事情。繁忙的工作让我往往无暇照顾女儿，于是有时候我就不得不找一些善意的谎言为自己开脱，譬如："爸爸是老师但不是你的老师，你的功课应该自己尽量独立完成"，"有些事情我认为你自己能做到"，"能否学着爸爸妈妈的样子打扫一下家中的卫生"……看着自己班上学生的家长对孩子的百般呵护，我有时

也会有些许的愧疚，自己对女儿要求是否太苛刻了？不，我们的社会、我们的家庭现在不需要、将来更不需要娇生惯养的"小皇帝"、"小公主"，我们需要的是家庭未来的"顶梁柱"，社会未来的建设者和接班人。孩子的成长不仅仅需要阳光雨露的滋润，更需要狂风骤雨的洗礼，缺少了阳光的照射、雨雪的浇灌，即使再精心地呵护也是缺乏免疫力的幼苗。给孩子一片天地，给孩子独立的机会，多让他们做一些力所能及的事情，不正是他们成长所需要的么？

感谢工作，工作日的劳累会换来周末的闲适，可以牵着女儿去村后的小溪旁，与戏水的小鱼为伍、与飞舞的彩蝶结伴；可以带着女儿去不远的田野，闻一闻麦苗的芳香、看一看野花的笑脸；可以背着女儿去较远的山中，探寻古寺的悠远、石碑的凝重；暑假里还可以拿出家中为数不多的积蓄，奢侈一把，打起背包，携妻带女，去拜访黄山的奇松，去迎接泰山的日出，去畅游青岛的海底世界，去感受烟台的海滨仲夏夜……在美好自然的种子撒播女儿心田的同时，袅袅炊烟的村庄和比肩接踵的城市也走进了女儿的生活和学习……女儿会在学校、社会和大自然的亲切怀抱中尽情地畅游、汲取属于自己的养分。

感谢工作，让我们全家在学校的陋室中度过了十多年的时光，女儿因此接触的第一个环境就是那五彩的校园。体育老师那矫健的身姿、美术老师那生花的妙笔、音乐老师那悠扬的风琴，无不吸引了女儿惊奇的瞳孔，于是凡事都喜欢尝试的她拥有了让周围孩子羡慕的旱冰鞋、画笔宣纸、葫芦丝与电子琴，涂涂、画画、吹吹、弹弹成了女儿生活的一部分。慢慢地，学校联欢会上经常能听到她稚嫩的歌声、琴声，黑板报上经常能看到她那虽然稚嫩却不失天真的涂鸦，即使到了高中，紧张学习之余，还能听到女儿的欢快琴声，偶尔加上我五音不全、张口跑调的伴唱，引得大家掩鼻喷饭，这笑声缓解了情绪，释放了压力。

感谢工作，面对几十双渴求知识的眼睛，让自己有了不得不时常增加知识储量的紧迫。在我看书时，女儿也跑来凑热闹，有时学我煞有介事地拿着小人书指指点点；有时缠着我问这问那，于是女儿在我的熏陶中也走进了书海。我和女儿一起畅游在历史的长河里，赞叹秦皇汉武的雄才大略，领略唐宗宋祖的文治武功，听听杜甫的悲凉、苏轼的豪放，看看顾恺之的画、瞧瞧颜真卿的字，更是佩服东方朔的诙谐、纪晓岚的机智……"书到用时方恨少，白首方悔读书迟"即是我送给她的生日礼物，随之也成了她自勉的座右铭，家长良好的习惯永远是对孩子良好行为的启迪。

感谢工作，使我不得不跑到孔子、杜威等大师那儿讨教如何教育学生的东西，女儿自然是这些教育方法的试验品，因此，一直验证"兴趣比成绩重要、方法比成绩重要、习惯比成绩重要"的教条是否正确，却得到了女儿成绩一直稳步上升的结果，这岂非是正打正着。感谢工作，让我和女儿的每一位老师都有了同行的认同感，同行交流，自然是心领神会，当然也就多多益善了。女儿这棵小树即使有些枝枝杈杈，也被我们这如父的老师和如师的父亲左一斧子右一斧子的砍下，这怎能说不是工作之功？我和妻子工作忙，只得把故土难离的岳父母请去与正上高中的女儿为伴，照顾外孙女成了老人生活中的又一个"第一要务"，我们怕老人溺爱孩子，背着女儿亲自给老人"面授机宜"，叮嘱父母"教要有方"。我们还给两位老人买来《父母必读》、《家有考生》等小刊物，戴上老花眼镜的他们用布满老茧且几十年不摸书的双手捧起了小刊物，仔仔细细地学，使得女儿连连叫道"姥爷真好！姥姥真好！"是的，女儿走过的每一步脚印，无不盛满了全家人的期盼和辛劳，也愿女儿将这些期盼和辛劳永远收藏在心里，将走过的脚印延伸在以后的日子里。

家长寄语：家长自身行为对孩子的影响永远大于对孩子单纯的说教。

家长姓名：于万明　吉林省大安市税务师代理所
　　　　　罗文华　吉林省大安市工商局
学生姓名：于泓峰
录取院系：地球与空间科学学院
毕业中学：吉林省松原市吉林油田高级中学
获奖情况：全国中学生英语能力竞赛二、三等奖，全国中学生数学联赛三等奖，全国中学生物理联赛二等奖

梦想照进现实
——儿子成长日记

有人说："每个人都是一个世界。"这绝不夸张。每一个人独特的阅历和特殊的气质构成了这个人的特异性，也决定了人性的复杂。同样，每个人这种复杂的经历就像是经纬线，共同维系了这个社会。而我想，一位优秀学子的奋斗史就是一个故事，一个耐人寻味的故事。一个人的成长注定不平凡，注定充满了艰辛与起落。其实，就是平时的点点滴滴，欢笑痛苦才汇成了一位位北大学子的成长轨迹。现在，我将展开思绪，仔细搜寻，在即将被遗忘的记忆中去寻找儿子独一无二的成长日记……

2009年7月15日

又一次输入了姓名与考生号，又一次以一种复杂的心情点下了"查询"，可是，这一次弹出的界面，不再是表示无查询结果的黑字，而是一片振奋人心的红色：恭喜考生于泓峰被北京大学地球与空间科学专业录取。顿时，我的心中充满了一种异样的喜悦，望着孩子

脸上王喜的表情，我的声音充满了哽咽，因为，这一天的确是来之不易。在高考之后的一个多月里，我们每一天都被一种焦虑的情绪所笼罩：询问孩子的考试情况，估分情况，等待分数的公布，担心所估分数出现偏差，奔赴学校研究报考的策略，最后便是这最令人焦急地等待录取。每一个日日夜夜，孩子都守在电脑前，极力搜寻着每一个与北京大学录取相关的信息。我虽然表面上不流露出焦急紧张的情绪，但是做的一切事情都是心不在焉，我期盼着那个激动人心的时刻早些到来。而现在，在2009年7月15日夜里11点的时刻，这个梦想终于变成了现实。虽然已经是深夜，但是我还是按捺不住兴奋的心情，让每一位关心的人都分享了这份快乐。我深知这几个字的重要意义，它不仅仅代表孩子即将进入中国的最高学府学习，更是对我们多年来含辛茹苦地付出、培养的一种肯定。我知道，孩子即将走出家门，迈进更广阔的空间去遨游，想到这里，多年以来孩子成长的点点滴滴也逐渐明晰起来，变成了在我脑海里永远也磨不去的回忆……

2006年8月

今天孩子就要正式地迈进高中的课堂，不知他的心里有何感想，但是我们的心里依然有一些忐忑，带着光环进入高中的他，会不会因为老师的不再关注而备感冷漠？高中截然不同的知识体系与学习方法会不会令他感到不适？未离开过家的他，会不会尽快融入一个陌生的集体中？也又该如何处理日常琐事？这些疑虑仿佛是挥之不去的影子盘旋在我们的心头。但是不管怎样，从他迈出家门的那一刻起，我们就坚定了信念：无论他在外面遇到多大的困难，我们作为父母都要给予他最坚实的依靠，不会冷嘲热讽，不会责打漫骂，让家成为保护他、接纳他，为他舔舐伤口的港湾。果然，这种来自家的支持与鼓励给了孩子极大的慰藉，而他名列前茅的成绩也使我们的苦心没有白费，每次看着他伏案学习的身影，我们都会感到既心疼又欢欣，仿佛他正在向我们全家的目标有力而坚定地前进着，并且马上就会到达。

2007年7月~8月

时间过得真快，转眼间孩子的高中生活已经过了三分之一。今天，刚刚参加完期末考试的儿子赶回家，看着他那满脸堆笑的脸庞，我们以为这次随之而来的又是满意的成绩与充实的假期。可是谁也没有想到，几天之后成绩的公布带来的却是让人震惊且无法相信的结果！他竟然考出了历史新低！我们全家仿佛一下子掉进了冰窖，突然从头顶冷到了脚心，酷暑的炎热顿时消退得无影无踪，让人感到惊慌而又无可适从。诚然，考试无常，一次的成败并不意味着一个人的素质与能力，可是，这一次的发挥失常却不得不引起我们的深思。难道是出了什么问题？我们都在心底不停地反问。可是，看见他已经难受至极的脸庞，原本想要责怪的话语却无法说出口，因为，真正要强、真正不服输的是他，真正想要考好的也是他。也许，他现在比我们更能体会那种彻头彻尾的失落与苦闷。我们无法再去责怪他，因为，勇敢地面对本身就是一种坚强。在随后的假期中，我们只是默默地关注着他，用无声的言语去督促他学习，希望他不要将这大好的时光抛弃。至于以后的结果，我们已经不再看重，因为，本色自我、拼搏人生才是充实的人生；无怨无悔、问心无愧才是快乐的人生。

2008年2月18日

已经进入了高二下半年，冲刺与决战马上就要开始。可是从去年暑假开始，孩子的成绩就一直不稳定且已逐渐远离第一集团。所有的努力都要告罄，所有的方法都无明显效果。难道我们就要眼睁睁地看着他与自己的理想失之交臂？难道我们就要眼睁睁地看着出色的他一步步地沦为平庸？不！绝对不能！于是，在无数次的痛定思痛之后，我们终于做出了一个苦涩但又无奈的决定——陪读，在他乡也安置一个家，让他不再为琐事费心，让他在异地也有了家的感觉。而今天，便是我们搬家的日子，看着他忙上忙下满头大汗的身影，我们的心里像是打翻了五味瓶。在高中这个学习压力极其巨大的阶段，我们为何不早些做出决定，免得让他独自面对高中的前半段？想到这里，我们的心中忍不住充满了自责。

今夜，星星们在安详地呼吸，万家灯火逐渐亮起又逐渐熄灭。不知不觉间，已然步入了深夜，坐在他床边的我，望着他在深夜苦读，但嘴角却泛起了丝丝笑意。在这一刹那，我才真正明白，这一天他已经盼了好久。其实，他一直执拗地认为：故乡仅仅是一个符号，家人在哪里，哪里就是家，哪里便充满了幸福的氛围，哪里便不再害怕与孤灯为伴。

至于他今后会学成什么样，我们的心里都是一片茫然，但是，至少现在的我们已经可以平静地接受一切结果。我们觉得，作为家长，一定要使外界条件达到最优化，让自己不留遗憾，至于结果，便要看他胸中的雄心壮志会燃烧到什么程度了。

2008年4月12日

今天是公布成绩的日子，也是陪读之后首次考试成绩公布的一天，我们心中的担忧之情溢于言表，因为陪读是我们全家人想到的能够提高成绩的最后一招。如果成绩依然不理想，势必会对孩子的自信心造成巨大的打击，而自信的失去往往是开始后退的第一步。在等待考试成绩时，我们甚至做好了两手准备：一方面祝贺孩子重新回到了成绩一流的学生行列，而另一方面则是劝导孩子分析原因，寻找差距，不要被一次考试的结果而左右心情。最后的结果终于到来，当为他开门的那一刻，我小心地观察着他脸上的表情，令我所喜的是，迎接我的是一张无比兴奋的脸庞和大声的话语："妈妈，我这次考得特别好，考到了全班级……"我心中的石头总算是落了地，嘴角也泛起了欣慰的笑容，心中暗暗庆幸最坏的情况没有出现。短短两个月的陪读使孩子恢复了信心，重新燃起了久违的斗志，又开始大踏步地前进了！想到这里，我不禁长长地吁了一口气，为孩子、为我们感到庆幸和自豪，美好的未来又在向我们招手。

2009年3月

离六月的高考只剩下三个月了，我们终于迎来了这最后决战的时刻！学习强度空前，学习压力罕见，这紧张的学习氛围使人几乎喘不过气来。每一天，他面临的都是无穷无尽的考试和来自各方面的压力，这一切不仅仅让他，也让我们觉得焦头烂额，我们认为每一个成功度过高三的学子都是英雄。考试无常，在三月份的一次摸底考试中，他考砸了。其实这也是情有可原的，繁重的课业负担和来自复读生的竞争都使考试结果变得无法预测起来。可是，我们最担心的是怕一次考试的结果会左右孩子的心情，所以，我们没有责怪孩子，只是耐心地对他进行开导、劝说，希望一次考试不要影响他的信心。最终，在不断地开导之下，他终于抛弃了包袱，以一百二十分的热情投入到了学习生活之中。

2009年6月7~8日

无论是否受欢迎，这被选择的一天终已来到。在这两天里，每位学子12年的学习成果都将会被检阅。作为家长的我们心中充满了紧张与惦念，但是表面上仍要装得若无其事，生怕给他增添了压力。

当他迈着坚定的步伐一步步走向考场之后,剩下的,便只有我们在考场之外焦急地等待。有人分发矿泉水,有人送来折叠凳,有人支起了凉棚,有人发放报纸。这一切的一切,在我们的眼中都已无关紧要。随着时间的推移,我们逐渐变得坐卧不安起来,眼睛死死地盯着校门口,祈盼着孩子的身影出现。终于,从那簇拥的人群中出现了儿子的身影,他的脸上没有任何表情,我们陪他小心地前行,不敢询问任何考试的情况,生怕只言片语便触动了他早已紧绷到极点的神经。就这样,默默地回到了家中,默默地吃完饭,默默地再次奔赴考场,默默地考完了第二科、第三科、第四科。等到这一切都结束的那个晚上,我们的心情都不轻松,都在等待答案的公布,我们深知这次考试的重要意义。如果考试失败,要么再经历一次炼狱般的高三,要么抱着遗憾进入一般的大学。我们一家三口在昏暗的灯光下默默地等待,等待着一个结果,等待着一个事后才知道是振奋人心的一个结果。

2009年7月15日夜

思绪戛然而止。在短暂的勾勒中,他高中的成长轨迹已经逐渐明晰:宽敞但仍显拥挤的教室、长长的走廊、正厅考究的装饰,高中我们眼中所见到的一切都将会被折叠而永久的放入记忆。现在我们要面对的是相对而言会让我们少操一些心的大学生活。未名湖畔,博雅塔旁,这些让孩子们日夜念叨的景象不久后便会烙上他的足迹,这一切怎能不让我们由衷地高兴?进入大学,意味着进入了小社会,意味着即将就要半独立地生活。这一切都需要自己慢慢摸索与适应。但是,我们已不用太过惦念,因为刚刚经历过高三的学子,是不会再害怕生命中的一切磨难。真心地希望他在大学四年的生活学习中谦虚学习、勤奋向上、孜孜以求、勇于创新,在这所百年名校的天空中自由翱翔,吮吸迷人的芳露,让自己去赢得时间,用努力换取明日的硕果和所有人的尊重，在这所培养出无数精英的学校中绽放出新的光芒！

激动的思绪像潮水，一经涌出便无法控制，其中也夹杂着泪水，这便是人们所说的幸福的眼泪吧！此刻，我感觉从夜的窗户里吹进一股风，让风吹干流下的泪和汗，总有一天，他会拥有属于自己的那个天！

家长寄语：用自己的双手，构建孩子心灵皈依的港湾。

家长姓名：胡晓艳　深圳海关
学生姓名：黄颖湘
录取院系：艺术学院
毕业中学：广东省深圳市高级中学
获奖情况：2007年全国"丝之华杯"艺术体操锦标赛青年B组第八名、2008年中央电视台"希望之星"英语竞赛深圳赛区二等奖

扬起五彩风帆，追赶梦想

　　回望这十几年对女儿的养育历程，谈不上有什么经验，感觉像是摸着石头过河。我们像猎鹰一样不停地翻飞盘旋，执著地寻求适合女儿成长的方向和道路，过程虽坎坷曲折，耐人回味，但说来却非常简单：帮助取舍，陪伴成长，综合发展。

　　辨明现实与梦想，选择合适的方向。为孩子选择适合的人生，我们做了不少的功课。平时我们细心观察、收集信息、凭据判断，我们也经常与女儿讲事实、摆道理，形成共同的愿景和动力。女儿打小喜欢跳舞、唱歌和绘画，大人遇见孩子总爱问，长大以后想干什么，女儿总会说：当明星。在我看来那只是幼童稚语。孩子上小学时，不肯参加校外辅导，可在三年级时，自己却报名参加校舞蹈队。经过一段时间的学习，女儿常回家嚷嚷，说老师让她转告家长，她的先天条件好，应该去上艺校或舞蹈学校。我和孩子的爸爸都是学医的，长期在部队工作，艺术修养极为普通，观念上，我们坚持一个人必须要有基础文化修养，至少完成高中学业，不主张孩子过早地从事这些偏文艺的行业，也觉得女儿有良好的学习能力，不能小小年纪就放弃文化学习，她可以将舞蹈和其他艺术学习作为课余

爱好来发展。女儿多次要求，我们仍未同意其选择，等女儿长大一些，她也对我们的决定表示认同。在努力学习文化知识之余，女儿尽可能利用周末的时间练习舞蹈和小提琴，直到高考。她既保持学习成绩的优秀，同时各项艺术训练也得到均衡发展。更感意外的是，这些素质训练的结果，在北大的自主招生中发挥了重要的作用，圆了女儿的北大梦想。

呵护身心成长，培养阳光心态。女儿十岁前，由于工作需要，我和孩子爸爸大部分时间两地分居，基本是单方照顾孩子，但无论是我还是孩子爸爸，都坚持全心陪伴女儿，让她的童年在幸福的亲情和细腻的呵护下快乐成长，使她从小就养成与父母有良好的沟通与相互的理解。我们常常教育孩子要有积极向上的人生态度，引导其树立远大理想，我们常常教育孩子要有积极向上的人生态度，引导其树立远大理想，激发孩子向梦想奋进。在孩子成长的道路上，我们共同进退，编织着美丽的梦想……

激发梦想

梦想让人对前方、对未来充满期待，期待明天的天空更加明亮，期望明天的阳光更加灿烂，人生也会因梦想的启发而改变轨迹。孩子八岁的时候，随爸爸回老家，重逢了分别三年的小伙伴，相聚是短暂而快乐的，分别时两个伙伴不肯离开，大人用励志语哄孩子："想一起玩，不难，只要好好学习，将来你们一起考上北大，就可以一起在北京读书，一起上天安门玩。"其实，我们并不敢奢望孩子当真能上北大，毕竟在我们的概念中，北大是那样的神圣而不是常人所及。但从那时起，女儿知道了北大是中国的最高学府，是读书孩子梦想的殿堂，并产生了要上北大念书的"大大的"梦想，这个"大大的"梦想激发了她源源不断的学习热情，支持她度过了无数的艰难险阻。

几年过去，在为孩子选择初中学校时，我们欣喜地发现，"上北大"并未停止于爸爸妈妈的励志，已经成为她清晰的目标。小学毕业准备上初中时，为了测试孩子的能力，拓宽孩子的视野，我们联系招收非地段生的学校，替孩子报名参加测试。学校一放假，接二连三的笔试、面试便开始了，孩子没有参加过校外的考试，作为家长实在心中没底，我们怯怯地等待着成绩的公布，三天后，我们接到其中一所学校要求签约的通知，孩子居然考入了英语超常班，同一天，另一所省重点中学也公布了测试成绩，在600多名参加测试的学生中，女儿以第十四名的成绩入围。在决定最终要去读哪所学校那天，家中来了几位客人，有个当老师的朋友，聊起孩子选校的事，谈了一些看法，孩子在一旁听着，若有所思。客人走后，女儿埋怨我们选错了学校，伤心地哭了好久，我们家长认为两个学校各有所长，差别不大，女儿却说，如果差别大呢，我没读上好的中学，就有可能考不上北大。此语一出，我们在震惊之余，更受鼓舞，因为北大能如此清晰地在女儿的心中生根，尽管感觉似于初生牛犊不怕虎，但这梦想一定会为孩子今后的学习注入无限的动力。接下来的六年，我们和女儿开始了共同圆梦北大的征程。

快乐追梦

良好的学校教育为女儿追梦奠定了基础，丰富多彩的兴趣课外活动，又让女儿的追梦历程充实而快乐。

女儿有幸就读于一所教学资源丰富、管理科学的学校，并且在求学过程中遇到了尽心尽责的老师。刚上初一，小小的女儿战战兢兢地开始了住校的集体生活，女儿长这么大还是第一次长时间离开家，我们都怕她会不适应学校集体生活。然而每次，女儿周末回家，我们都能从孩子的交谈中感觉到老师的可亲可近，学习、生活的温馨。记得入校不久，在与女儿的一位老师进行的一次家访谈话，聊到女儿小学六年级因为喜欢跳舞而耽误了深外选拔考试的遗憾，介绍孩子一直学习舞蹈和小提琴的经历。不料说者无心，听者有意。该学期末，学校举办素质展示周活动，老师亲自找到女儿，鼓励女儿报名，还经常询问排练情况，孩子在被关注的目光中，干劲倍增，而最终表演的成功，赢得了老师和同学的赞扬，同时也提升了自信，为孩子展开良好的新生活奠定了基础。在女儿学习有困难时，也是老师最先了解并设法解决。初三学年伊始，女儿对物理的电学部分学起来感觉吃力，有段时间适应不了，科任老师又是刚调换的新老师，问太多又担心老师嫌弃自己，内心焦急不已，情绪明显低落。关键时期，任课老师主动找到女儿，告诉她有什么不懂不会的尽管问老师。这样的事例数不胜数……经过老师、家长、孩子三方不懈地努力，2006年中考女儿以803分的优异成绩被深圳市高级中学录取，为高中阶段的学习创造了难得的良好条件。

我们对女儿爱却不溺，希望她自己能获得面对挫折解决困难的能力，行动上，我们能做的，就是在紧张的工作和生活之余，尽最大的努力，细心做好女儿情绪调节和生活上的保障，让冲在一线的女儿感受到我们的支持与理解，全身心地投入到为梦想而努力的奋斗中。

深圳市高级中学是全市唯一指定招收艺体特长生的中学，艺体师资雄厚。在一次健美操选修课上，女儿被老师高雅健美的示范所吸引，喜欢上了艺术体操，并有幸被老师收为弟子。高一阶段她每周坚持训练3~5次，特别是假期，刘老师对她实施了每天4~5小时的一对一强化训练，为了达到竞赛体能的需要和动作成功率，女儿经常需要重复一个动作成百上千遍。当妈妈的看着心酸，可女儿却从不叫苦，从不言弃，每天下午和晚上又自觉投入到功课的学习中。工夫不负有心人，在2007年8月的艺术体操锦标赛中，她凭借突出的实力和稳定的参赛状态，如愿获得第八名，并因此获得国家一级运动员证书。

超然圆梦

女儿擅长文科却偏爱理科，选择理科后出现了努力不进步，吃苦不落好的状况，理科让她的总体成绩难如人愿。人们说，机会总是等待有准备的人。女儿在北大影视编导自主招生中，资格审查、笔试、面试一路过关，长期的综合素质训练与养成在自主招生考试中得到显现。

五载高强的训练，回首难忘的艰辛与欢乐，女儿终不负众望，拿到了北大的录取通知书。收到录取通知书的那一刻，我们却少了期盼的激动，有的却是难得的淡然。我们知道迎接女儿的是在北大这座文化殿堂里更辛勤的耕耘，面临的是更大跨度的超越，等待的是更多更美好梦想的实现。

家长寄语：一分耕耘，一分收获。

> 家长姓名：陈绍香　中国工商银行云南省昭通牡丹支行
> 学生姓名：陈　俊
> 录取院系：经济学院
> 毕业中学：云南省昭通市第一中学
> 获奖情况：昭通市优秀共青团员、省级三好学生、省级优秀学生、
> 　　　　　2007年全国中学生奥林匹克物理竞赛省级赛区二等奖、
> 　　　　　2008年全国中学生奥林匹克物理竞赛省级赛区二等奖

有志者，事竟成

有志者，事竟成。孩子，你顺利地考入北京大学经济学院，终于实现了你的夙愿，迈出了你人生最重要的一步。

孩子，你即将进入北京大学——这个令无数学子向往的神圣殿堂，依巍巍博雅塔，傍幽幽未名湖，度过四年的大学生活。此时此刻，你成长的一幕幕又浮现在我的眼前……

你小时候体弱多病，中药、西药陪伴你整整六年，你还有印象吗？当时我们居住在一座小县城，家里经济条件比现在还差，没有钱买电视机，也没有钱给你买像样的玩具。我记得给你买的所有玩具只有一盒积木、几辆塑料玩具车、一块小黑板、几本动画书，这些都被你当作宝贝，从你咿呀学语开始一直陪伴你进入小学。

也许，就是这几样不起眼的东西改变了你的一生。

你两岁时，可以一个人呆上半天，把积木搭成一座房子，有棱有角，十分精美。3岁的时候，你对动画书特别感兴趣，喜欢听故事，每当我们给你讲故事的时候，你总是坐得端端正正，听得津津有味。还记得我给你讲《孙悟空的故事》吗？你就坐在我怀里，我对着图画，照着书上的文字把动画书一页一页地读给你听，当我好

有志者，事竟成

不容易读完后，你把书接过去，一边看，小嘴一边叨念……有一次我下班回来，你缠着我要将故事讲给我听，我觉得好奇，只见你拿着《孙悟空的故事》，一页一页地翻着，指着图画，把我读给你听的文字一字不落地讲述出来。也就在你3岁多的时候，幼儿园放寒假，你生病发高烧，可你为了画画，独自一人在寒冷的走道上，画画停停，停停画画，边画边改，足足用了两个白天的时间，完成了你的杰作——一幅栩栩如生的"黑猫警长"。当我发现你做事专一、记忆力强的特点后，就尽量找时间教你识字、速算，读一些浅显易懂的儿歌、古诗，逐渐培养你的兴趣和爱好。

孩子，你还记得你的第一张奖状吗？那是在小学一年级参加速算竞赛时获得的，居然是年级第一，我和你妈妈都为你感到自豪和骄傲。你的学习劲头也从此一发不可收拾。一年级放寒假的当天，你就把那本不算薄的寒假作业做完了，而且没有差错。第二天吵着要学下学期的课程。这种愿望有哪个家长会不满足呢？

孩子，你的成长，你的每一点收获，都与你的辛勤努力分不开。你从小学习成绩就一直名列前茅。还记得你小升初考试结束后我们的一段对话吗？你问我是清华大学好还是北京大学好，我当时确实不明白你的意思，只说它们都是中国的最高学府，难分高下，后来才明白，你的心中早就有了奋斗的目标！记得刚进初中时，因为你考试成绩不错，可以自由选班，人人都以为你会选大家都看好的那个班，可你没有。有位老师问你："那么高的分，你选这个班，以后是想考北大还是清华？"你当然听懂了他的意思，很平静地回答："有什么稀奇，考给你看。"也许那一瞬间，你的目标更明确了。即使刚开学你意外摔伤，脚骨骨裂，在无法正常站立、行走的三个多月里，靠家长的接送，靠老师、同学的帮助，你硬是挺了过来，没有迟到过一分钟，没有丢下一节课。三年后，你一举夺得全市的中考状元，这离你的奋斗目标又近了一步。

三年的高中生活，你早出晚归，风雪无阻，收获的是学业的进步，良好品德和积极向上性格的养成。高中三年，你更加勤奋学习，积极要求进步，也成熟了许多。勤学好问是所有认识你的老师对你的评价，为人谦和、极富同情心和爱心是班主任老师和同学们对你的看法。你可以为了一个相同的问题而请两位老师印证，可以为了请教一处知识点而在老师后面紧追不舍，可以为了资助生病的同学而省下早点钱，可以为身患重病的同学组织募捐，可以将班里给你的奖金捐做班费，可以将奖学金全部捐给四川地震灾区……

孩子一路走来，你一直是父母、老师的骄傲，鲜花和掌声一直陪伴着你。你不仅学业有成，差不多每次考试都是年级第一，而且还相继获得昭通市"优秀共青团员"、省级"三好学生"、省级"优秀学生"等殊荣，还被学校党组织作为全校唯一的学生入党积极分子进行重点培养。

有付出就有回报。2008年，你不负众望，在参加清华大学自主招生考试中，顺利通过笔试、面试，并以优异成绩获得降30分的录取资格。也许源于个人志向，也许源于兴趣爱好，也许源于你在参加清华大学自主招生面试时回答的那道经济方面的试题，你最终决定放弃清华大学向你投来的橄榄枝。这样的决定，对你、对父母都是残酷的，你在清华园里用了将近两天的时间，终于说服了我。看着你平静的神态，感受你坚毅的目光，听着你对自身优劣势的分析，我知道，孩子，你长大了！对你来说，这也许是你最好的选择，我们从来不勉强你做你不喜欢的事，只要你看准的路，就勇敢走下去吧。我们认同你的选择，尊重你的选择，支持你的选择。

现在，你的目标已经实现。但未来的路还很长，甚至很曲折，我们相信你一定能够战胜各种困难，以良好的心态开始你的大学生活，为你还没告诉我们的目标去拼搏吧！

家长寄语：人，不怕穷而怕无志。

永远的宝贝

家长姓名：张文胜　高杰英
学生姓名：张雪萌
录取院系：物理学院
毕业中学：河北省石家庄二中
获奖情况：2009届全国中学生物理竞赛省级一等奖

永远的宝贝

宝贝，光阴荏苒，日月如梭，转眼间你已经高中毕业，再过几天你就要离开我们，奔赴首都北京，开始你全新的大学生活了。回想你成长的十几年，从你呱呱坠地到咿呀学语，从你蹒跚学步到启蒙幼儿园，从你简单愉快的小学到负荷加重的初中，从你经过激烈角逐成为一名省重点中学免费生到经过艰苦卓绝的努力最后成为一名北大人。这期间，有太多太多的故事，有太多太多的感叹，有太多太多的惊喜，也有太多太多的酸甜苦辣，不是短短的几句话几张纸所能容纳概括的。在你即将离开我们，寻梦进入燕园时，我们在祝贺你的同时，还要谈谈父母在你成长过程所付出的艰辛以及父母对你未来的希冀。你爸爸说："我们没有什么可写的，都是孩子自己努力的结果，我们没有做什么，也没有什么功劳，我们只是做了应该做的。"这就是你的父亲，他对你做的任何一件事，都认为是应该做的，其实每个孩子的成长怎么能离开父母辛苦的付出，就像花朵如果没有人们辛劳的浇灌，怎么能开出美丽娇艳的花呢？

记得你刚出生时，因为妈妈的奶水不足，爸爸为了你能健康成长，即使在家庭条件非常艰苦的情况下，依然决定为你买当时最好的奶粉，保证供给你充足的营养。他说我们大人可以凑合，吃点差的、穿点旧的，但孩子就一个，耽误不得。那几年里，我们没有添过一件新衣，没有吃过几斤水果，一年中在我们的餐桌上难得见到肉。

宝贝，从出生到现在，即使你再淘气再不听话，爸爸从没有打骂过你，为了你更好的发展，他看过太多教育子女的书籍。根据你的特点，在你小时候不听话淘气时，他不像有些父母，用大灰狼的故事来吓唬你。爸爸只会对你说，如果不听话，就不让你去幼儿园，就不给你讲故事，就不带你学琴，就不给你买书等等，把许多父母认为枯燥无聊又乏味苦闷的事情，变成你心中美好的向往，这不是轻易就能办到的事。即使是在你生日的时候，他也是把书籍作为你的生日礼物，使你在很小的时候就对书产生了浓厚的兴趣，这不仅丰富了你的知识，开阔了你的视野，而且提高了你各方面的素质。即使我们家庭不宽裕，也会在闲暇时带你去旅游，走遍祖国的大好河山，让你亲自体会，亲身感受，为你以后的发展打下良好的基础。

爸爸从不强求你，他给你自由的学习空间，根据你的兴趣爱好对你有选择的培养。在这种轻松愉快的学习环境中，你的书法、绘画、小提琴等方面的素质都有了极大的提升。在这十年的学习中，我们以身作则，告诉你无论干什么事，只要开始就要坚持到底，不可以半途而废。因此，无论在大雨滂沱的夏夜还是在大雪纷飞的冬季，你从来没有迟到或耽误过一次课。

为了你，爸爸可以说费尽心思，只要是对你有益处的，他都会尽全力满足你，比如说书籍，即使很难买到，他也会奔走于各个书店，或到网上寻找，极力满足你的求知欲。他是个有心的爸爸，优秀的爸爸。当知道你特别喜欢《哈利·波特》时，他不但在网上为你下载了英文版的《哈利·波特》影片，还为你买了《哈利·波特》中英文全套书籍，即使当时还没有出版第七部《哈利·波特》，他也在第一时间就在国外为你订购了英文版的书，拿到了全球发行的第一批书。当时我很不理解，他却说让你在兴趣中学习英语，可以让你在不知不觉中提高英语阅读能力。

永远的宝贝

记得你那年参加中考时，由于成绩优秀，已被市重点中学提前免费录取，而你却想上省重点中学。当时我们心里都没有底，因为你在市里是优秀生，可是和全省的优秀生相比，会怎么样呢？另外，妈妈也舍不得让你这么早就离开我们、离开家。为了你的愿望和前途，爸爸做了好久妈妈的工作，当你也怕自己考不好时，最后也是爸爸给你吃的定心丸，让你放心去考，一切不用担心，考不上免费，我们给你拿钱也让你上自己喜欢的学校。

人的一生中没有一帆风顺的，当你因为成功而欣喜时，爸爸在为你自豪高兴的同时还会提醒你以后的路还很长，不能因为一时的成功而沾沾自喜，让你在顺境时也冷静不骄傲；当你遇到坎坷和挫折时，他则会帮助你分析失败的原因，鼓励你，相信你能战胜困难，勇敢面对人生的每一次挑战，让你在逆境时也坚定不气馁。他时时关心你的学习，不且经常询问检查你的学习情况，还常和老师沟通，积极配合老师的工作，希望你能在平稳轻松的环境中完成学业。

在你学习物理奥赛这两年的时间里，你从最初抱着试试看的心态到全身心投入其中，再由无法忍受想放弃到最终坚持下来，期间经历了怎样的艰难坎坷，旁人无从知晓，只有陪你一路走过的我们才真正了解和理解其中的酸甜苦辣。在那些没有星期天节假日的艰苦日子里，你面对的是全封闭似的地狱式训练；在那个高手云集的奥赛竞技场上，作为学校里唯一一名女生参赛选手，你的那份压力和孤独只有自己最清楚；在那个年末外地集训结束，你手握火车票而无法登上回家的列车，在车站孤独地滞留近5小时；在那些封闭集训时漆黑的夜晚，整栋六层女生宿舍楼只有你一人在灯下苦读探索……这一切几乎把你逼到极限，你哭着说想放弃，是你的爸爸给你打了一个又一个电话，不断地鼓励你，是他一次又一次赶到学校，默默地看你吃饭，默默地为你擦去嘴角的饭粒，默默地为你修剪指甲，默默地把你搂在怀中，任由你大声恣意地哭泣宣泄，而后又默默地在你的日记本上写下：亲爱的女儿，我想告诉你，无论你是快乐还是痛苦，任何时候，你回头时爸爸就在你身后微笑地看着你，不要害怕，不要担心，有爸爸在你身后，即使你跌倒了，爸爸也会扶你起来。就这样，爸爸陪你走过一个个阴霾的日子，最终迎来了明媚的阳光。

在生活中，爸爸为了你能养成一个良好的生活习惯，吃饭时要求你不挑食、不浪费，即使是一粒米。他很少带你出去参加宴会和聚餐，也很少给你买零食，即使在你要求时，也是有计划地满足。记得你长到这么大，屈指可数的几次去吃肯德基都是因为你自己成绩优秀而获得的奖励，你吃得开心，我们看着也心满意足。从小你就养成了良好的生活习惯，不浪费，不攀比，这让我们感到欣慰和自豪。

要说的事太多，你是个懂事细心的孩子，你应该能体会到父母对你的用心。随着你的渐渐长大，我们也深深地感受到你对我们的爱，怎能忘记在大雨滂沱的夜晚你为妈妈送雨具的身影，怎能忘记你在假日里为我们准备好的可口饭菜，怎能忘记在外求学的你因为怕我们担心，总是向我们报喜不报忧……你对我们的爱犹如温暖的阳光洒落在生活的各个角落。你曾经对妈妈说，以后你要写一部小说，名字为 Wings to fly——飞翔的翅膀，来记录我们在你成长过程中所付出的点点滴滴。当时我问你为什么起这样的一个名字，你说 Wing 的读音正好是爸爸和妈妈的名字里各取一字的谐音的组合，含义是你能够有力地飞翔，离不开父母的呵护指导，正因为有了我们的护航，才使你飞得更高更远，长大后一定要报答我们。我听后，内心是那样的欣慰和幸福。其实作为父母，我们不需要你的感恩和回报，只希望你能健康愉快地成长，真诚善良地对待他人，不断努力学习，将来成为国家的有用之才。我们知道在你以后的生活道路上也许还会有许多磨难和坎坷，但我们相信你是个坚强独立的孩子，你会勇敢地笑对人生里每一次挑战，相信你的未来会更美好。

宝贝，我们衷心地祝贺你，你做到了最好的你，我们永远祝福你，永远是我们永远的骄傲，是我们永远的宝贝。

家长寄语：做尽职的父母，助孩子飞翔，选择父母这个角色，就是选择责任和义务，而不是权利。

孩子的潜能是无限的，只要善于挖掘，就会有更大的惊喜。

> 家长姓名：沈岳明　浙江省文物考古研究所（1986年毕业于北京大学考古系）
> 学生姓名：沈亦乐
> 录取院系：外国语学院
> 毕业中学：浙江省杭州外国语学校

两代人的北大缘

保送北大，这是令人羡慕的事，也是我从没想过的事，可今天却实实在在地出现在我的面前，当然不是我被保送北大了，而是小女，小女今年被保送到北大外国语学院，真替她高兴。想想一路走过来的历程，似乎还真与北大有缘，而且两代人都与北大有缘。

20世纪80年代初，我通过艰苦卓绝的奋战，终于参加了高考，可等大家都拿到分数，高高兴兴地准备等录取通知时，我却是呆若木鸡，因为我拿到的分数单与众不同，我没有任何分数，就是零分。这一结果，不但我不知所措，连老师、学校都惊呆了，怎么会是零分？这是绝不可能的事啊！除了张铁生交过白卷，还没有人交白卷的，况且有这么几门课，难道一点都不会？老师是看着我进考场，考完后还与同学对答案的，到底是怎么回事？带着疑问，学校连着给招办，给教育局，给所有有关的部门打电话、问情况，最后就告知我一句话："总分差7.5分，其中数学考了30分、物理考了28分，这样的结果算是交代了。"而对于我们这样无权无势、没有门路可走的农村家庭，也只能认了，当时也是不准查试卷的。最终的处理办法是，我无奈地继续复读。而正是由于这次考试，我的理化如此糟糕的成绩，学校老师建议我读文科，这也就有了第二次高考的文科考试，而这次考试的结果是我考到了全省第72名，按照当年北大在浙江的招生人数是29人，我是万万不敢报北大的，可中学校长和教导主任商量以后，说让我冲击一下北大，并煞有介事地分析说："我省前50名多数是女生，而女生都喜欢离家近一点的大学，她们应该喜欢上复旦，复旦在浙江又招41名，你报北大有希望。"我也不知道他们说的是不是真的，也不可能去求证是否确有其事，反正老师的话是一定要听的。当时也是想反正已经考上了，而对于我这样的农村出生的孩子，能够考上大学，能够吃"粮票"了，可以"穿袜子"，就已经是很幸福了。大不了北大不录取，读个杭大总没问题。就这样，我自不量力地报了北大，结果竟然被北大录取了。你能说不是有缘吧？想想如果上次考试够上线分数了，那考分也是不会高，因为我的其他同学考的也都一般，没有一个被重点大学录取的，尽管我平时的成绩不错，曾经在高考前的一次模拟考试中还考过年级第一，但如果那次考上了，也肯定与北大无缘。没想到一次零分，竟然让我与北大取得了联系。

小女很小的时候，就表现出了与众不同的能力，也许是由于我的影响，她从小就立下了考北大的目标。在日常的生活学习中，处处都有北大的影子。用的笔有北大的记号，本子有北大的标签，戴的帽子有北大的字样，倒不是我要给她多少压力，而是每次到北京，我的那些同学加兄弟，总是要买上一点小玩意儿，说"给闺女带上"，而这些东西中有许多是北大商场里买来的。从小给小女带上北大的标签，从小就培养她的北大意识、名牌意识，不但是我的梦想，也是我那帮兄弟姐妹的期望。不知不觉中，小女的脑海中，北大的概念是根深蒂固的了，所以当其他的好友问她将来读什么大学时，小女是不知天高地厚，每次总是说北大。当小女渐渐长大，心里有了害怕，心中有所敬畏时，尽管嘴上是不说考北大了，可藏在心里的话，却还是北大。可以说，尽管学习成绩有所波动，对北大的向往，那是痴心未改。好在随着年龄的增加，不断地成长，一步一步朝着北大这个目标前进的步子，似乎越来越稳，离实现目标的距离也越来越近。

　　上幼儿园时，小女手上拿着她表姐的《中学生天地》可以看上半天。小学二年级时，她就定下了要进杭州外国语学校，这所全省小学生都向往的学校的目标，结果到六年级时，通过不断的选拔，最终如愿以偿。进杭外后她为自己定下的目标是：初一，成绩班里前二十；初二班里前十；初三年级前二十；高中阶段，争取年级前十。结果，初一就进入年级前二十，班里一直稳定在前三，到高中一直稳步发展并有所前进，高三第一学期时，已经达到年级前三。所有的努力，都向着好的方面发展。我们看到这些成绩的取得，也是满心欢喜。尽管她的学习成绩不错，但我们知道，她学得很轻松，一周回一次家，回家就是上网、看电视，我们觉得她还有很多潜力可挖。每次开家长会，或是与任课老师交流，老师也总是表扬，把她说的好得"一塌糊涂"，还真与北大的标志物联系起来了。为了这一确定的目标，小女还放弃了几次很好的机会，甚至是出国的机会，一心一意向着北大前进。初三毕业可以去新加坡读书，她放弃了；高二时，就可以读由浙江大学外语学院制订教学计划和教育任务的小语种班，将来进浙大，她不去；老师劝她参加高考，将来进港大，有高奖学金，她不愿意。因为她只有一个目标，就是北大。

　　机会在高三上半学期时降临，北京大学小语种的保送考试开始了，在得到学校推荐名额的基础上，带着放松的心态，从笔试到面试，一路过关斩将，小女最后终于被北大录取。一切的一切，似乎都水到渠成，尽管我是带着一些紧张送小女去参加笔试，并陪她到北大面试的，虽然表面上一副胸有成竹的样子，可心中不免忐忑不安，可看小女却胜似闲庭信步，等到面试结束，兴冲冲地跑到我们面前，当着我们同去的家长和带队的老师的面，说了一句非常豪迈的话："肯定录取了。"这好似一声春雷，把我们大家都镇住了，连多年带队参加保送考试、见惯了大场面的老师都被她给震住了，说还从没有学生敢这么说，不过她这么自信，肯定心里有底，有舍我其谁的气概。

现在，我和小女的关系又多了一样，不仅仅是父女、朋友，更成了相差 20 多岁的校友。许多人都说我们长得像，很多方面都一样，现在北大又成了我们共同的标志，我们的关系也越来越亲密，惹得她妈妈直眼红："我也去弄个北大上上。"

从进北大对我们来说是一种奢望，连梦里都不敢想，到现在小女被保送北大，冥冥之中似乎有一只推手，在一步步把我们与北大绑在了一起，没有其他，只是有缘。

家长寄语：是你的总是你的。

家长姓名：蔡欢红　西安市住宅建筑设计研究院
学生姓名：高仲骐
录取院系：经济学院
毕业中学：陕西省西安交通大学附属中学
获奖情况：2007年第16届全国中学生生物学竞赛三等奖、2007年全国中学生生物竞赛（省级赛区）一等奖、2007年全国中学生化学竞赛（省级赛区）二等奖、2007年全国中学生英语能力竞赛二等奖

放　飞

"你还真写呀？有啥好写的？"儿子问。

"怎么没写的？养你十八年，还能没有可写的！"是夜，从儿子出生到现在的一幕一幕显现在眼前，我将其诉诸笔端。

儿子在2008年初的自主招生考试中以2.5分之差没能通过笔试，之后的高考又以5分之差没能进入自己心仪的学校。他选择了复读，要用自己的行动证明自己！要用一年的时间去换取自己希冀的未来！

考试的失利使得儿子当时的心情非常糟糕，对我也是有多多埋怨。看着他那稚嫩的脸，面对他的责怪，我也生气，但对他，我心爱的儿子，我不能跟他一样孩子气。我采取了不理睬的态度，不和他沟通，不和他讨论，我觉得只有他自己想通了，才能做好接下来的事情，否则复读也可能会竹篮打水一场空。

十月的一天，儿子终于主动和我谈起高考失利的事，他说，其实谁都不能责怪，只能怪自己没有一个平静的心态，从年初的自主招生考试结束时心态就没有调整过来，临近高考，心里就更加焦躁，

在平时看来很小的一件事，在那时都被放大，很容易引起情绪的波动，从而影响考试时的心态。我也表示是我把家事、公事处理不当，关键时刻在一定程度上影响了儿子思想的稳定性。同时我也鼓励他，让他放松自己，相信自己，并告诉他他一定能行，不要过多地想结果要怎么样，要重在过程，只有把每一步都做好了，想要的结果自然而然地就会来到。这时我才大大地松了一口气，儿子已经渐渐地从阴影中摆脱出来了，只要能保持住这个状态，一定会有一个好的结果。

2008年底，儿子参加北大自主招生考试，报名的时候我对他说："能通过就算是多一条途径，多一点保障，不通过也不必太在意。"还好，初审通过了。我又向他吹风，告诉他不用过多复习，也没法儿复习。这种考试不知道考什么，其实我是担心他和去年一样因太在意而紧张，反而考不好。临考前一天，他还是请了一天假，说是准备准备，好像也没准备出个所以然。参加笔试这天他发着高烧，从上午考到下午，看得出来，他是硬挺过来的。1月11号早上，当儿子看见屏幕上的成绩单时，他兴奋起来，一年来阴沉的脸上终于绽放出快乐的笑容，此刻的儿子才算真正走出了阴霾的2008。我也很激动，终于能让儿子在愉快的心态下迎接2009年的高考了。接下来的事情很顺利，我们一起去北京参加面试。对于面试，我一点也不担心，我始终认为儿子在个人素质方面在他的同龄人之上。他拿到了他所在小组的最高分，20号回西安的当晚，我们在北大招生网上就查到了他获得北大自主招生加分30分的通知书。

2009年的高考是儿子人生腾飞的一搏。尽管有北大自主招生考试的优惠政策垫底，但还不能放松。复习、做题，再复习、再做题，看着儿子不断地换题做题，想他一定也很累，但我只能看着，不能有一丝心疼的流露。难呐，儿子比旁人要多付出一年的时间铺在高四的路上，尽管他不用补充高中的知识，只是在保持一种状态，但这也很不容易。为了实现自己的理想，他用自己的智慧和双手缔造自己的世界，他要驾驭自己的命运，争取未来。

……

7月24日，当打开北京大学录取通知书时，我把它摆放在自己的办公桌上，仔细地端详着那灿烂的金黄色，感谢北京大学为同学们设计了如此美妙的通知书，真的像是收获金秋的果实一样。我由衷地替儿子高兴，也为自己高兴，我的儿子真的是很棒，愿他前程似锦。

不少人认为我对儿子的教育是成功的，在朋友中我也成了他们的典型案例。多年来与儿子相处，总结了一些心得，写下来与大家分享。

快乐启蒙。从孩子二三岁上幼儿园起，每天都是他爸爸负责接送，他们两父子在路上来回有一个小时左右，这段路上他爸爸总会教他认路牌、认门匾、识别路口方向等等，往往在不经意间便激发了孩子学知识的兴趣。

拒绝动画。在孩子小的时候，我们不允许他看电视，主要是不让他看动画片。一是要早点休息，保证足够的睡眠时间；二是有些动画片对孩子的成长没有教育意义。记得曾经看过一部动画片，讲的是两个小偷如何被警察抓来抓去，但大量的篇幅在描述这两个贼如何动脑子做坏事，孩子年龄小，鉴别能力差，分辨不清好坏。不要以为孩子在安静地看电视接受教育，隐形杀手是看不见的。

杜绝唠叨。我年少时妈妈总是唠唠叨叨，让我觉得挺烦，这也是家长们经常犯的错误之一，所以我对我的孩子很少唠叨，绝不像话唠一样说个不停，没效果的事情我尽量少做或者不做。我的孩子小时候挺淘，这样的孩子切不可拧着来。我和他做朋友，以聊天的形式了解他在想些什么，从不摆着家长的姿态和他说话。尊重孩子的选择，哪怕让他碰一鼻子灰，撞上南墙也没关系，给他锻炼的机会，对与错让他自己用实际行动去印证，实践出真知嘛！

关心孩子。关心孩子不仅仅要关心孩子的衣食住行，更要关心孩子在成长过程中几个关键时期的心理变化。现在家家都是一个孩子，没有兄弟姐妹，每个家庭的孩子又很"独立"，父母是他最信任的人，当遇到问题时他最先想到的是得到父母的帮助。当孩子第一次向你倾诉他遇到的烦恼时，一定不能简单处理，否则以后他不会再和你说他的烦心事。作为家长首先学会倾听孩子的诉说，而且一定要相信他说的话，然后帮他分析，如何处理也是先听他的意见。平时多和孩子聊聊天，拉近和孩子的距离，及时掌握他的思想动态以及交往的朋友，当出现问题时可以更好地给予他建议。对于男孩，要告诉他做男人的准则：勇敢、谦虚、有责任感；对女孩，要告诉她女孩需要具备的素质：善良、自立、不随波逐流。

及时表扬。好孩子是表扬出来的，其实每个孩子都很聪明，就看你能不能把他的潜质挖掘出来。孩子的缺点家长要看到，孩子的优点和每一点细微的进步家长更要看到，并且要及时地给予表扬和鼓励，孩子会在这一声声表扬中得到满足，知道他在家长眼里是一个很棒的孩子，一点儿不比别人差，这对他们挺直腰杆、增强自信起到极大的作用。

选择学校。学校不仅仅是传授知识的场所，周围同学的品质、学校的学习氛围、教学水平、治学精神、老师的责任感、负责程度对学生的影响都很大。周围同学都在努力向上，谁会甘于落后？孩子都有上进心，只要家长和老师正确指引。没有哪个孩子愿意比别人差，物以类聚，人以群分。环境也能调动孩子奋发向上的主动性。

做好典范。没有不好的孩子，只有不好的家长。不可忽略自己在孩子成长过程中的作用。家长是孩子的第一任老师，孩子在你的身边度过他人生最初的十八年，也是他成长过程中人格初步形成的最关键的十八年，而他每天耳濡目染最多的就是家长潜移默化的言传身教。曾经有一次在聊孩子时有人说到邻居家孩子如何如何不争气，我问了一句，那他家长每天干啥，回答说总在打牌。可以想象，孩子在这样的环境里怎么可能"争气"？家长没有给他创造积极向上的氛围，一点也不能怪孩子。除此之外，自己的孩子自己要尽教养之职，尽量不让隔辈人带，一是父辈们已经将我们抚养成人该是颐养天年的时候；二是祖辈疼爱孙子孙女多无原则，不利于孩子的成长。

前些天我们为儿子举行了一个小小的庆祝宴会，席间有位朋友建议儿子敬爸爸妈妈一杯酒，儿子声音哽咽，从未喝过酒的儿子一饮而下，感动了在座的每位好友。我明白，孩子懂得这么多年来爸爸妈妈为他所做的一切是多么不容易，我强烈感觉到儿子已经长大成人！

总而言之，孩子在家长身边长大，在他远走高飞之前，家长要珍惜与他朝夕相处的这十八年，想想今后他能陪伴在自己身边的日子不会很多，那么就多在他身上下点功夫，多多了解他，小的时候多一点关注，多给他一些快乐，让他做他喜欢的事情，稍大一点就只提建设性意见，不再说教，让他学会自己处理自己的事情。那么当我们放飞他的时候，我们已对他有了足够的了解，作为家长的我们就可以放心了。

家长寄语：若要儿女成器，为人父母必须尽职尽责！

家长姓名：陈裕先
学生姓名：陈剑华
录取院系：法学院
毕业中学：广东省珠海市第一中学

勿忘故土

　　老家方圆十里，周边三十几个村庄，十多万人口，有史以来还没有学子考上北京大学。这个历史纪录，今年终于被我女儿打破了。好友亲朋的一阵阵祝贺，一声声夸奖，真令我感慨万千，一幕幕往事又再一次浮现在我眼前。

　　我和妻子是改革开放后较早进城的农民工，女儿从咿呀学语、蹒跚举步时便被扔在老家让我父母抚养。她六岁那年，我回老家，门口那棵一丈多高的巴勒树，只见她双手向树干一抱，两腿往下一蹬，腰向上一伸，便爬了上去。她又一个"蝴蝶展翅"，从这一枝便又溜到那一枝，整个身体有如吊在树上的钟摆，不停地东摇西荡，她却从容不迫，镇定自若。树上所挂的巴勒果，每一颗都留有她检验生熟的指甲痕。她还学会了捕鱼，偶尔从田间灌渠里抓回泥鳅、鲫鱼、虾蟹之类，和上酸菜，放在锅里一煲，爷孙们吃得津津有味。她不穿衣衫，只穿个裤衩，成天光着膀子，晒得黑不溜秋，跟非洲小孩差不了多少。吃午饭时，她端起碗稀粥，只听见叽里咕噜几声响，一碗稀粥便落到肚子里，碗筷往桌上一搁，像有什么大事没做完似的，屁股一扭，便又跑出门去了。

　　"明年可以送她进学校关禁闭了，省得天天要喊破喉咙。"老父亲望着我女儿远去的身影，无可奈何地摇着脑袋。

　　我心头蓦地像打破了个五味缸，顿感酸甜苦辣咸。我的童年又在女儿身上重演了。有道是知子莫若父,女儿天资聪颖,说不定日后可造就成材,但璞玉不经良工巧匠的雕琢又怎能成为美玉?跟她同龄的城里孩子至少已上过两年幼儿园了,而她……我的眼泪差点儿就掉了下来,当时就暗下决心,无论困难多大,一定要把女儿送到城里读书。

接女儿来城里读书,那可不是一件容易的事。在当时,我们打工的这座城市还没有民办学校,只有公立的。外来工的子女要进校借读不但要付一笔不菲的借读费,而且还要找关系。市中心许多所学校,尤其是那些名气稍好一点的,就连城里的孩子都挤不进去,更不要说外来人了。常言道"有志者事竟成",女儿最终被我送进了市郊一所刚开办不久的学校。为了女儿能到城里来上学,我不知道跑了多少路,求了多少人,把多年的积蓄也全都花光了,交完借读费,便拿不出学费钱了。现在想起来,当时所付出的代价以及决心就是这么大。

女儿终于像城里孩子一样,每天可以背着书包上学了,但好事就是多磨,接踵而来的几个问题让我们差点挺不下去。首先是女儿的成绩问题。由于女儿没上过幼儿园,基础差,又初来乍到,只会说家乡方言,听不懂普通话。老师上课,她仿佛是个聋子哑巴,只一个星期,她的班主任生怕日后女儿的成绩拖了该班的后腿,便要求校长把女儿给予辞退。经过几番协商,校长总算是网开一面,同意保留学籍一学期,但前提是在学期末女儿的成绩要有明显的进步,为此我们替女儿请了家教,家教是我们的同乡,他对我们很是同情,不辞劳苦地为女儿辅导。我们家长也不敢怠慢,争分夺秒地送女儿补课,女儿也好像懂得了许多,很是配合,刻苦学习,经过三方的共同努力,才渐渐把辞退风波给平息下来。

其次是经济问题。我每月的薪水除付房租、补课费外,便所剩无几了,而妻子每天要接送女儿上课、下课、补课,只能做个"全职太太"。这样一来,我除了白天在建筑队干苦力外,只得起早贪黑地捡垃圾，或者加夜班来维持生计。几年下来，才三十多岁的我，便苍颜白发，建筑队里的小伙子们便送我一个雅号，叫做"阿佬"。

女儿读初中后。每到暑假，她的同学有的去旅游，有的去练舞蹈，有的去上补习班。而她却要跟我回老家帮忙夏收。

那天一大早，女儿便穿上工作服，跟着爷爷来到了田间。"右手紧握镰刀，左手抓住稻子，两腿八字分开，腰要弯下，用力要均匀……"爷爷一边为她讲解着收割稻子的要领，一边做着示范动作。一开始，女儿好像一只刚出笼的小鸟，还想与爷爷争高下。然而，半天还没下来，我发现女儿的腰已渐渐有点弯不下去了，不时变换着"跪"的姿势，右手掌已被镰刀把摸出一个个的水泡，有些水泡破裂了，红红的鲜血便从掌心渗了出来。骄阳似火，田野冒烟，女儿每割下一株稻子，都显得非常辛苦，而她就是这么一股倔劲，一直在坚持着。一天，两天……天天跟着爷爷，日出而作，日落而息。

她告诉我，唐代诗人李绅一定种过地。不然就写不出"锄禾日当午，汗滴禾下土。谁知盘中餐，粒粒皆辛苦"这样的诗句。书本中的知识，如果没有经过实践，是不能领会到它的真正内涵的。像《墨子》中的"天将降大任于斯人也，必先苦其心志，劳其筋骨，饿其体肤，空乏其身，行拂乱其所为，所以动心忍性，增益其所不能"这段话，你没有过体验，是不能有所理解的。

暑假快结束了，女儿也该回校了。她边打点行李边自言自语道："七月离校八月回。乡音无改脸黝黑，同学相见不相识，笑问客从何处来。客从田里来呀——"

还有一件事我怎么也不能忘怀。2006年，女儿初中毕业，参加中考，全区八千多名考生，女儿成绩名列第一。她的作文《我的爷爷》更是获得了满分，作文里有几段话是这样写的："……我的爷爷是个标准的中国农民，他今年七十有余，白发苍苍，但仍坚持在田间劳作……他一干起活来，就非干到呼哧呼哧地喘着一口口的粗气不可，简直就是在拼命……爷爷的精神太让我感动了，我怎么也忘却不了他，每当我偷懒的时候，一想起我那白发苍苍的爷爷，浑身又充满了力量……"

女儿读高中的时候，的确没有偷懒。大年初一，我们想带她去走亲戚，她却把自己反锁在房间里读她的书。朋友家办喜事，要请我们一家人到酒店吃饭，她说"淡泊以明志，宁静以致远"，酒店吃饭太浪费时间了，不管大家怎样地劝她，她就是不去。多年来，她每天都坚持早上五点就起来晨读。班主任这样评价她：三分天资，七分勤奋，把别人喝咖啡的工夫都用在了学习上。

天道酬勤。女儿终于向我们交上了一份满意的答卷，拿到了北京大学的录取通知书。在她要离开我们到北京求学之际，我真的有好多话想对她说，但又不知从何说起。我不愿意，也绝不允许看到她让胜利冲昏了头脑，把北京大学作为戴在头上的桂冠，系在身上的光环，只知向人家炫耀而不思进取，成为王安石笔下的"仲永"，长大无他。我很希望她在名师云集、人才荟萃的燕园里，能学有所成，日后成就一番事业。

故土是根，离开了根，花与果将不复存在。不管女儿今后走到哪里，我都希望她不要忘却根本，不要忘却自己是农民的后代，不要忘却白发苍苍的爷爷仍不辍耕作。当前农村需要的科学技术太多了，在"建设社会主义新农村"的伟大工程中，希望她能为农民做点实事，做些贡献。生于斯长于斯而爱于斯，女儿，勿忘故土！

家长姓名：迟香丽

学生姓名：王　宇

录取院系：艺术学院

毕业中学：吉林省长春市实验中学

获奖情况：吉林省三好学生、长春市三好学生、长春市优秀团员

谁言寸草心，报得三春晖

短暂的18年已过，就像清风拂过海面，平静但又泛着层层涟漪。曾经的孩子已经变成大人，而曾经的我呢，头发里也有了些许白发，脸上也多了些皱纹。可是，多年的心血并没有白费，看着孩子能走进中国的最高学府，我在高兴、喜悦的同时也有一丝酸楚。

高尔基说："世界上的一切光荣和骄傲，都来自母亲。"看到这样的话，我感到一丝欣慰。作为一个母亲，我从没苦过孩子，孩子的要求我都尽量满足，从不让孩子受一点委屈。我想全天下的父母在这一点上和我是相通的，毕竟老话说过"可怜天下父母心"嘛。正如惠特曼所说："全世界的母亲多么的相像！他们的心始终一样，每一个母亲都有一颗极为纯真的赤子之心。"

记得上一个母亲节的时候，儿子给我买了一件衣服，那时我哭了。孩子终于长大了，他学会了为别人想，学会了感恩。我并不希望我的孩子会说出太多太多赞美母亲的话语，那些都是虚无和苍白无力的。我只希望我的孩子能够将他的妈妈放在心里，不论他走到哪里，都要记住，还有一个不灭的港湾，那就是母亲。

台湾著名作家刘墉在一篇《忍着不死》的文章中讲了三个母亲的故事，将对母爱的赞扬推向了极致。

第一个故事讲的是在亚美尼亚大地震中，一对被埋在瓦砾中长

达八天的母女奇迹般获救。人们感到惊奇的是，在阴冷、无水和没有食物的八天中，只有三岁的幼女是怎样活下来的？原来是她的母亲咬破手指，让孩子吸食自己的鲜血得以不死。

第二个故事讲的是一百年前发生在庞贝古城的一个惨痛的故事。当炙热、令人窒息的火岩向来不及逃掉的居民袭来时，一位母亲在绝望中曲下身来，以自己的背、头和四肢紧紧怀抱怀中的幼子，燃烧的熔岩在一刹那间将母子相拥的情景化做历史的永恒。

第三个故事讲的是越南战争中一群平民在枪林弹雨中狂奔逃命，一粒子弹射中了一位年轻的母亲，她没有像其他人一样扑倒而死，而是慢慢地蹲下去结束了自己的生命。拍下这组镜头的美国记者流着眼泪对刘墉说："她是怕压着怀里的孩子，才忍着不死，蹲了下去……"

我并不是想在这里过多地夸耀母爱的伟大，我只是想阐述一个事实，我只是想告诉全天下的孩子：要尊重母亲，要感激母亲为你所做的一切。

当然，我不能说孩子的成功全部归功于我，在这里，我要感谢他的老师们，是老师交给他知识，让他能走进大学的殿堂，为了孩子们的成长，老师们愿做红烛，流尽最后一滴泪，照亮孩子们前进的方向；为了孩子们的成功，老师们愿做春蚕，吐尽最后一根丝，织就孩子们远行的衣裳；为了孩子们的明天，老师们愿意奉献今天，甘愿用自己的生命之火去点燃孩子们的理想之灯。我要说一句，老师，您辛苦了！

孩子要走了，马上就要离开和他一起生活了 18 年的我。说实话，我对他并不放心，在这里，我想对他说几点要求，当然也是希望。

要努力学习。不要以为大学的生活就是轻松的，大学的竞争依然激烈。要知道，书是人类进步的阶梯，要爱读书。热爱书吧——这是知识的源泉！只有知识才是有用的，只有它才能够使我们在精神上成为坚强、忠诚和有理想的人，成为能够真正爱人类、尊重人类劳动，衷心地欣赏人类那不间断的伟大劳动所产生的美好果实的人。培根也说过："阅读使人充实；会谈使人敏捷；写作与笔记使人精确；史鉴使人明智；诗歌使人巧慧；数学使人精细；博物使人深沉；伦理使人庄重；逻辑与修辞使人善辩。"全方位的涉猎，多角度的思索，这才是真正的学习之道。

要珍惜时间。法国思想家伏尔泰曾出过一个意味深长的谜："世界上哪样东西最长又是最短的，最快又是最慢的，最能分割又是最广大的，最不受重视又是最值得惋惜的；没有它，什么事情都做不成；它使一切渺小的东西归于消灭，使一切伟大的东西生命不绝。"这是什么？众说纷纭，捉摸不透。有一名叫查第格的智者猜中了。他说："最长的莫过于时间，因为它永远无穷无尽；最短的也莫过于时间，因为它使许多人的计划都来不及完成；对于在等待的人，时间最慢，对于在作乐的人，时间最快；它可以无穷无尽地扩展，也可以无限地分割；当时谁都不加重视，过后谁都表示惋惜；没有时间，什么事情都做不成；时间可以将一切不值得后世纪念的人和事从人们的心中抠去，时间能让所有不平凡的人和事永垂青史？"时间到底是什么呢？时间对于不同的人有不同的意义。对于活着的人来说，时间是生命；对于从事经济工作的人来说，时间是金钱；对于做学问的人来说，时间是资本；对于无聊的人来说，时间是债务；对于学生，时间是财富，是资本，是命运，是千金难买的无价之宝。不要总说你没有时间，时间就像海绵里的水，只要愿意挤，总还是有的。

要有毅力。求学的大道上荆棘丛生，这也是好事，常人望而却步，只有意志坚强的人例外。韩愈的"业精于勤而荒于嬉，行成于思而毁于随"之所以能流传千古，正是因为它是一个亘古不变的真理。拿出你"天生我才必有用"的信心，"吹尽狂沙始到金"的毅力，"直挂云帆济沧海"的勇气吧，扬起生命之帆，以涛声为伴奏，扯缆绳作琴弦，掬劲风当号角，谱写一曲圆梦大学的精彩华章。

要学会为人处世，老老实实做人。生活是欺骗不了的，一个人要生活得光明磊落。天下作伪是最苦恼的事情，老老实实是最愉快的事情。所以说谎话的人所得到的，就只是即使说了真话也没有人相信。自以为聪明的人往往是没有机会上场的。世界上最聪明的人是最老实的人，因为只有老实人才能经得起事实和历史的考验。

我要说的自然还有很多，现在就只说到这吧。我再重复一遍，孩子，不论你走到哪里，要记住，你还有一个不灭的港湾，那就是母亲。

家长姓名：赵一玲　四川省成教八中
学生姓名：秦一然
录取院系：艺术学院
毕业中学：四川省成都石室中学

感恩北大，寄语女儿

咪儿：

　　首先祝贺你梦圆北大！

　　一直以来，北大都是我们全家神往的圣殿。然而曾几何时，听着众多"公说公有理，婆说婆有理"的建议，我们竟然一度为选择北大还是清华而苦恼、徘徊。最终，北大以她人文的光辉照亮了我们，而"北大人"群体的魅力亦让我们真切地感受到了"到北大学做人"确为至理名言。于是爸爸妈妈确信　北大真的适合你，你也真的适合北大！你本人也认定北大才是你的精神家园。今天我们无不为这个选择而庆幸、自豪！虽然在高考期间，你因为患病以及爸妈的失误而导致发挥失常，但最终凭借特长加分，你依然梦圆北大。所以我们要感恩北大，感谢北大，感谢她博大包容的胸怀，感谢她对你的厚爱。

　　咪儿，走向北大，就意味着你从此离开了爸妈的怀抱而走向了社会。从此你便不再是只属于你自己和爸爸妈妈，你更属于国家、民族和社会。正如北大人所说，北大不仅意味着一种荣誉，更意味着一种责任。虽然以你现在的稚嫩，还担不了这么重的担子，但你要有这种意识。

　　北大是你人生路上的一块里程碑，是你生命中的一个新起点。从家的摇篮到独步社会，你会面临诸多新的课题。你是否有足够的思想准备去迎接一切、有足够的勇气去拥抱崭新的生活呢？

在此，妈妈对初次离家的咪儿有几点建议。

首先，要及早确定新的目标。

过去的18年，我们一直以北大为目标并为之而奋斗，其间历经了酸甜苦辣。于今回首，这过程是艰辛的，但结果却是美好的。其实，北大也只是你人生的一个起点，你的下一个目标是什么？是考研？出国？就业？首选什么？18岁的你也许正在思考之中。妈妈只想告诉你，无论你作出什么样的选择，爸爸妈妈都会支持你、配合你，只是希望你能尽早确定自己的奋斗目标、人生目标，以便更好地规划大学生活。

其次，要尽快调整自己的角色和心态。

过去的18年，你一直生活在摇篮里，妈妈不仅为你遮风挡雨，还是你责无旁贷的引路人，但这也使你有了一定的依赖性。此后，你将独当一面，你将成为你自己命运的主宰者。妈妈将来所能做的只是配合你，协助你。因此从现在起，无论心理上还是实践中，你都要真正地独立起来，更要积极主动地锻炼自己，使自己快速成长、成熟，最后取得成功。

再次，要尽快适应学习生活的变化。

大学不同于中学，大学的老师只是导师，从学习规划到习惯方法再到作息时间的安排等，基本靠自主。如果没有足够的心理准备和应变能力，你可能迷惑、困顿或茫然失措，所以你必须要提前建立"我的学习我做主"的意识，以提前进入角色，尽快与大学生活接轨。至于具体的学习方法、学习效率等，则有待于你自己去不断地摸索、总结、反思和完善。妈妈相信你的智慧和应变能力。

第四，要坚定信念，培养客观公正地评估自己和他人的能力。

在北大这个精英荟萃之地，要调整好自己的心态和定位。当感到某些方面不如人时，要看到自己的长处，切不可妄自菲薄。要深信自己在高考失常的情况下仍能进北大，那也绝对不是偶然的。不要因一时一事的失利就轻率地否定自己，否定将来。人无完人，切忌一叶障目，以偏概全。要相信，北大给予你的不仅仅是一种荣誉和责任，更是一种信念！无论何时何地，无论现在将来，你要永远坚定这一信念不动摇。

第五，要坚韧坚强，培养自己抗挫折的能力。

人不摔跤不会长大，不历风雨不会成熟。"阳光总在风雨后"，挫折是人生的财富。虽说你也经历过艺考、高考的小小坎坷，但18年来，你并未有过真正痛彻心扉的失败经历。须知生活不会永远像我们祝愿的那样一帆风顺，因此你要建立足够坚强的抗挫折心理防御体系，"不管风吹浪打，胜似闲庭信步"。现在回首艺考不顺、高考失常的经历，可能你会付之一笑，然而当初你不是把它看成是比山重比天大的打击吗？同样地，将来你一旦遇上挫折，要坚信世上没有迈不过的坎！待事情过后相信你也会像当年高考那样淡然一笑，觉得根本就不足挂齿的。因此就让高考的一次小小磨难成为激励你抗挫的第一笔资本吧，让将来可能的挫折积累成你一笔笔的人生财富，那时，你的人生将会是多么精彩，而你本人也将会成为一个富翁。

第六，利用北大平台，提高个人素养以及综合素质与能力。

北大为学子们提供了一个展示自身的舞台，也为你们的发展提供了一个较高的平台。要有意识地充分利用北大的优质资源，提高自己的个人素养以及综合素质与能力。同时要保持爱心，常怀感恩之心，勤于做事，乐于助人。

来日方长，希望咪儿能很好地把控自己。记住：凡事要适度。在生活方面，既不去攀比，也勿过于节约，要保证营养。要坚持体育锻炼，以保证有健康的体魄和充沛的精力去投入到繁重的学习中。

咪儿，妈妈感谢上苍赐我一个这么乖巧可爱、善解人意的独生女儿，更感谢18年来咪儿带给妈妈无以言表的快乐和最丰厚的回报。

以后妈妈最大的心愿就是咪儿一生健康、平安、快乐、幸福!
让欢笑永远与你相伴!
让妈妈的爱和祝福永远与你相伴!

你的妈妈

家长寄语:让我们与孩子一同成长。

家长姓名：赵建钢　山西临汾国企
　　　　　牛振沄　山西临汾国企
学生姓名：牛婕
录取院系：生命科学学院
毕业中学：山西省临汾一中
获奖情况：第8届全国中学英语知识能力竞赛高二组特等奖、2006年全国中语会寒假读报知识竞赛优胜奖、2007年全国中语会寒假读报知识竞赛优胜奖、第8届语文报杯全国中学生作文大赛省级二等奖

孩子，我们想对你说

又一个焦虑的六月结束。当你微笑着告诉我们自己正常发挥时，我们且喜且忧。喜在你勇敢承受了复读对一个人心理和生理的双重考验，一年浴火奋战，凤凰终于涅槃，你的学习有了质的飞跃；忧在你如此为之奋斗的北大梦能否顺利实现，毕竟估分报志愿仍存在很大风险。

我们说稳妥点报其他院校吧，你"哇"地哭了，没有任何解释，没有任何争执，哭着入睡，又从梦中哭醒。哭到我们彻底打消不自信的念头。结合你扎实的基础及平稳的成绩，我们决定义无反顾，支持你再次报考北大。

终于拿到北大录取通知书，你没有欢呼雀跃，亦没有喜极而泣，只是狡黠地笑："知道我怎么估分么？我故意估高点，给你们壮壮胆。"啧啧，这丫头！

你心里，似乎从未曾想过再次落榜的后果，也从未想过自己不会成为北大学生。这份单纯的勇敢，可贵的简单，本色的自信，轻

松的心态将是你成功的利器，一生的幸福。作为家长我们由衷为你高兴，亦为你骄傲。

曾记否，小学一年级第一次考试，你得了双百，兴冲冲地要我们签字。当时我们心里比喝了蜂蜜还甜，可脸上却比水面还平。"胜不骄败不馁，为了你的'可持续发展'，我们作'得寸进尺'状，一次双百不算什么，每次双百就不易了。"小小年纪的你还不能完全体会父母的深意，只是鼓起小胸脯发下豪言壮语："一定回回拿双百！"还给自己立下"军令状"：小学稳坐第一把交椅，初中保持年级前三，高中力争年级前十……朦胧中你确实在向计划步步为营，甚至超额完成任务。

看到你的进步，作为家长的我们由衷地为你骄傲。孩子，我们想对你说，学人的自觉方是你最佳导师。唯你深谙学习之必要紧迫，自主为之，才能深味学习之快乐幸福。

为你全面发展，培养自理能力，初中起我们力排众议让你住校。开始担心你既不会照顾自己又把学习耽误，然而送走你后一周，家里电话铃声安静得出奇，我们没有接到任何想象中来自学校的你哭诉宿舍生活的来电。事实证明初次独立生活的你学习非但未受影响，还在生活、工作、人际方面游刃有余，连年被评为优秀干部、优秀团员、特优生……

2008年你经学校推荐参加了北大的自主招生考试，笔试后你以欣赏的口吻谈起主持招生的老师和一同参试的同学："我发现一个真理，我还是乖乖回去准备高考吧。"你眼中，有发现距离后的不甘，还有对未来大学的真心向往。所以，接到你通过笔试即将赴京参加面试的消息时，你是多么的欢呼雀跃！我们在欣喜的同时，亦对你的实力有了更清晰的界定。

面试三天，我们同你聆听学校的专设讲座，第一次与全国最高学府的顶级大师亲密接触，兴奋、敬重、憧憬溢于言表。我们想，若你能在如此大气的学校求学，将是何等幸运！当你走出面试现场挽住我们的手，说："一切顺利。"我们有预感，大局已定。

不出所料，不久消息传来，你获得加分资格。

也许是这个好消息让大家放松"警惕"了吧，也许对高三后半期的准备还不够充分吧，也许……总之，高考两天，你的平静淡定让我们心安，丝毫未感到挫折的即将降临。

仍记得高考成绩出来的那天凌晨，咱们在电脑屏幕前，相对无言。"太早了，睡吧。"可长路漫漫，远梦无期，彼时彼刻，孰堪入睡？接下来的日夜，家里被淡淡的沉闷压抑笼罩。爱唱爱笑的你变得斩钉截铁，以"不放弃努力，总有成功日"为由排斥复读，甚至做好了大一准备，开始自学高等数学和大学英语……

孩子，我们想对你说，苏子云："古之立大事者，不惟有超世之材，亦必有坚忍不拔之志。"复读和升学是人们永远争论不休的问题，对你，选择很容易，难再要承担选择后之结果。无论结果为何，都需要你以坚韧之心面对。作为父母，我们建议，但不会决定。后者形似"前进"，长远看却限制你的视野和舞台；前者形似"停滞"，但可供你重新定位重新选择之机遇，当然，为此你要经受倍于高三的身心考验并承担不可预期之风险。

一个月后，你最终选择了前者。送走你后，我们心中充满了巨大的失落感。虽然我们不在你身边，但完全可以想象你刻苦读书的模样。无需多言，你从来就是个自制力极强的孩子，从未让家长为你的学习操心。

焦首朝朝还暮暮，煎心日日复年年。皇天不负，一年以后，出现本文开篇的一幕……

孩子，我们想对你说，已过无悔，展望未来，祖国需要你们这代人以至无穷代人的不懈努力，奋斗探索，推动社会进步。

踏上并融入这块圣地，群英荟萃，英才辈出，一切应从零开始。考上名校，未来未必花团锦簇。闻道有先后，术业有专攻，你当时刻虚心，眼中有人，好学不倦。上进求知乃你不变方向。不小看任何知识,哪怕它与绩点学分无关;不小觑高度抽象的基础,对真理谦卑敬畏。

学了有何用?学了才知道何用!所谓君子不器。勤思考实践,大学、社会也许并非想象中完美,存在即合理。即使如此,你仍要善良,忠实于自己的良心。

懂得奉献。在你成人道路上有不计其数的好心人曾帮助你,托举你。作为一名合格的中华人民共和国公民,你得以享受所有合法的权力并承担相应的义务。奉献让生命充实,如果可以,你要成为一名"慈善家"。

坚持独立。不要被任何人任何事情俘获你年轻的思想,保持可贵的人格的自由,思想的个性。面对连你的父辈都未曾碰过的新情况,不必迷信,不必彷徨,不卑不亢,冷眼热肠,邀理智为伴,请智慧帮忙。

善于合作。每个人都是卷装订和内容各个不同的书,发现、理解、欣赏、汲取,与不同的人相处,感受多彩生命的滋味。

不需自卑,更不必嫉妒。正如一则寓言所说:"不论我们谁是潮头谁是潮尾,最后我们都要归于水。"你在我们眼中无可替代。

学会欣赏他人。人无完者,各有长短,优劣比较毫无意义,不掩饰自身的瑕疵,不讨厌现在的自己,热爱你的"特点",又不拒绝改进优化,努力成为你想成为的那个人。你的幸福是我们最大的欣慰。

只有一条道路不能选择,那就是放弃;只有一条道路不能拒绝,那就是成长。成长可能缓慢,但她要成为你生命的常态。你简单,世界就简单。

家长寄语:给孩子成长的时空。